Making Novices Competent by Stance and Scope

# 若手社員を一人前に育てる

「スタンス」と「スコープ」が人を変える！

# はじめに

## 職場での上司と若手社員の嘆き

1990年代後半から2000年代初頭にかけて成果主義人事制度ブームが終焉した後、民間企業や官公庁の管理者研修などで人材育成の講義をしていると、多くの管理者から異口同音に耳にする意見がある。

職場での若手社員の人材育成に関する問題や課題を討議させると、「最近の若手は、言われたことしかやろうとしない」、「わからないことを聞こうとしない」、「そもそも勉強しようという姿勢が感じられない」などという若手人材に対する不満の合唱で大いに盛り上がってしまう。

そして、職場での人材育成に関して、教える側の上司や先輩にはどのような問題があるのかを聞いてみると、「多忙で若手社員の面倒を見ている時間がない」、「若手社員をどうやって一人前に育てたらよいのか分からない」、「若手社員の教え方が分からない」などという本音が飛び出してくる。教える側にも戸惑いや問題があることを自覚しているようである。

実際に、最近の日本企業の人材育成に関する調査(1)によれば、部下の育成や能力開発の支援ができていると回答した管理職は32・9％であった。また、管理職の部下育成上の問題について、「育成・能力開発のための知識やノウハウが足りない」、そのような「時間的余裕がない」という回答が最も多く約半数を占めていた。

他方、大学のゼミの卒業生などの若手人材の意見を聞いてみると、「会社では、何を、どのように勉強したらよいのか分からない」、「どうしたら早く一人前になれるのかが分からない」というような戸惑いが漏れてくる。成長して早く一人前になろうと思っていても、具体的にどうしていいのか分からないという。

今日の職場での人材育成に関して、教える側も教えられる側も、何をどうすべきか分からずに途方に暮れている姿が目に浮かぶようである。

## ナレッジワーカーの仕事

今日の日本企業における若手社員の仕事は、急速な環境変化に伴い、多様で膨大な知識やスキルが求められ、将来的に不確実で見通しの効かないことが当たり前になっている。

今日は知識社会と言われるように、これまでの日本のホワイトカラーの大半は「ナレッジワーカー」などと呼ばれるようになった。定型的で反復的な仕事は非正規従業員や派遣社員が担当し、正社員（正規従業員）の仕事内容は非定型的で不確実であり、問題解決力や創造性が要求されている。あらかじめ仕事を見通すことも難しく、やってみなければ分からない、先の見えない仕事が大半を占めている。

すでに1990年代からピーター・ドラッカーなどが知識社会に関する興味深い指摘をしてきた。[2]「正規の教育によって得られる知識が、個人の、そして経済活動の中心的な資源となった。今日では『知識』だけが意味ある資源である」という。そして、知識が「生産性」と「イノベーション」に活用されることによって価値が創出され、知識労働者は「生産要素」と「生産手段」を所有するという。

また、かつて米国のクリントン政権時代に労働長官を務めていたロバート・ライシュは、先進国の主要な職業は大きく3つのサービスに集約されると指摘した。[3]

（1）「ルーティン生産サービス（routine production service）」。先進国では減少傾向にあるが、大量生産企業などでの繰り返しの単純作業。

（2）「対人サービス（in-person service）」。接客などの対人関係を伴う反復的な仕事。

（3）「シンボル分析的サービス（symbolic analytic service）」。データ、言語、映像表現などのシンボルを操作することによって、問題点を発見し、解決し、あるいは媒介する仕事。

そして、シンボル分析に必要な知識やスキルとは、「抽象化」、「体系的思考（システム・シンキング）」、「実験（試行錯誤の経験）」、「共同作業（チームワーク）」であるという。

今日のナレッジワーカーとは、まさにシンボル分析的サービスに従事する人材のことである。そして、大卒もしくは大学院卒の若手社員は、こうした仕事に適応して早く一人前になることを期待されているのである。

## 変わりゆく大卒の姿

新卒として入社する大卒や大学院卒の若手社員の価値観や社会的関係のあり方も大きく変貌してきたように思われる。とりわけスマートフォンが普及して、「ＬＩＮＥ」などのＳＮＳ（ソーシャル・ネットワーキング・サービス）で仮想的につながり始めた頃から、学生の質が大きく変わってきたことを実感している。

ひと昔前であれば、対応を迫られる学生の指導上の問題は、一部の過激な学生の学生運動などだった。しかし、最近では「引きこもり」をはじめとしてメンタル対応が大半となっている。最近、学生とその親と面談した、大学の同僚である学生委員の某教員は、親から「子供に友達のつくり方を教えてほしい」と真剣に依願されたことを嘆いていた。また、理科系の某研究室では、教員が学生を叱責して指導したところ、「親からも叱られたことがないのに、なぜ自分が叱られるのか」と反論されて途方に暮れてしまったという話も耳にする。

大学教員の間で共通している認識は、総じて学生の価値観が変化すると同時に、社会関係スキルなどが低下して「幼稚化」しているのではないかということである。これまでに見てきた学生の中には、このまま就職しても企業組織の中で多忙な上司が一人前に育てるのにとても苦労すると思われる者も少なくない。正直に言うと、大学教育に従事する立場として、職場でこうした部下を抱えてしまう上司に申し訳ないという気持ちになることもしばしばある。もちろん、昔から優秀な学生も少なくはないのだが、問題となる学生がますます増えていることが大問題なのである。

## 一人前とは何を意味するのか

そもそも「一人前」になるということは、何を意味しているのだろうか。

最近、世の中ではAI（人工知能）の進化が注目されている。ある雑誌の記事で「最近はAIも『一人前』になってきた」という記述を見て驚いた。人間だけでなく、コンピュータの情報システムまでもが一人前になったということは、何を意味しているのだろうか。

一人前とは、辞書を引くと「一人に割り当てるべき分量」もしくは、「人並みに技芸を習得して大人として扱われること」などとある。現在でも技芸の世界では一般的に使われているが、そもそも「一人前」という言葉は職人の世界に由来している。日本の近世の職人の徒弟社会においては、親方の庇護の下での丁稚奉公による年季が明けて、営業の鑑札を貰い、同業者仲間の承諾を得て独立が認められることが一人前の証となっていた。(4)

今日でも職人や技芸の世界だけでなく、ビジネスの世界でも一人前という言葉は広く使われている。一般的には、組織の中で一人前として認められるということは、信頼して特定の仕事を任せることができるようになったと評価されることを意味している。

## 一人前になるために必要な時間

今日、一人前になるまでの時間について、仕事や技芸の内容によって様々な期間が認識されている。定型的で反復的な仕事であれば早くて3年程度で一人前と認められる仕事もあれば、伝統的な技能や芸能における「匠」の世界では30年もの修行期間を経て一人前として認められることもある。いずれにしても、一般的には数年間の修行期間を経ることによってはじめて周囲の人々から一人前として認められる。

実は、日本の職人の世界では、修行開始から10年程度で一人前として扱われることが一般的だった。そして、一人前になるまでに4段階程度の技能レベルが慣行的に決められていた。明治時代以降に公式的に制度化されていた時期もあり、一人前になるための年季期間は、7年から10年程度であった。[5]

最近の実証研究では、現代の芸術家やスポーツ選手などのプロフェッショナルの世界でも、一人前になるための年数が明らかにされている。ベルリンフィルで活躍中のバイオリニストが20歳頃までの練習時間を日記や学校の記録から調査した結果、約10年間で1万時間の練習が必要だったのである。[6]

今日では、一般的に大手企業の大卒であれば社会人となってから10年後の30歳代前半頃までには、一人前のベテラン中堅社員として扱われている。実際に、今日の日本企業の営業、ITプロジェクトマネジャー、コンサルタントなどの職業においても、一人前になるためには10年程度の期間を必要とすることが明らかにされている。[7]

## 一人前として認められるための要件

尾高煌之助氏によれば、伝統的な職人の世界で一人前として認められるためには、

4つの要件があるという。

（1）労働手段（道具、小設備）が私有されること。

（2）職人の「腕」（技能の高低）は、生産物の出来栄えやサービスの成果によって客観的に測定でき、その結果によって職人の社会的評価が決まること。

（3）生産技術は職人に体化（embodied）して蓄えられ、したがって技能の習得のためには数年間の修業を要すること。

（4）仕事の方法に関しては、作業者（職人）本人に大幅の自主裁量権があること。[8]

今日のビジネスの世界では、こうした一人前の要件とは、特定の仕事や職種において仕事に精通した、管理職直前のベテラン中堅社員という位置づけと考えられる。そこで、本書における一人前の要件とは、「**大卒もしくは大学院卒として10年程度で、特定の職務に精通し、自律的に活動可能な裁量の余地が与えられ、他者の援助に大きく依存せずに自己完結できること**」とする。

ちなみに、ＡＩ（人工知能）が一人前になったという意味は、学習機能をもつことによって、特定の専門業務に関して、あらかじめ人間が作成したプログラムだけに依存せず、自ら深層学習（ディープ・ラーニング）しながら自己完結できるようになってきたと考えることができる。

## 日本企業の生産性を左右する若手社員の人材育成

今日の実社会では、仕事の質や進め方が大きく変化した一方で、仕事の中核を担う若手社員などの価値観なども大きく変化してきた。不確実で先の見えない仕事を、価値観も異なる複数の社員で構成されるチームで期待される成果を創出することが求められている。経済のグローバル化にしたがって、日本国内にいても様々な国籍の社員と一緒に先の見えない仕事をこなすことが求められている。ところが、大学や大学院を卒業した若手社員が、学生時代のアルバイトの延長線で仕事に取り組もうとすると、上司からは冒頭のような嘆きの大合唱が居酒屋などで聞こえてくるのである。

日本の大手企業などでは、社員を新卒で採用し、ゼロから育成することを前提にして、長期的に組織に貢献することが期待されてきた。しかし、従来からの職場での若手社員の育成の仕組みの延長線で、今日の「先の見えない仕事」を、上司にとっては「何を考えているのか分からない若手社員」に任せながら一人前に育て上げることができるのであろうか。筆者の答えは「否」である。

こうした職場での若手社員の人材育成の機能不全は、日本企業の組織的パフォーマンスに少なからず影響を与えることが懸念されている。今日の組織的なパフォーマンスは、ますます一部の中核的なタレント（才能ある人材）の活躍によって大きく左右されつつある。市場や技術の最前線に位置する組織の末端の職場で中核となる有能な若手や中堅の社員を育成し続けなければ、組織的な革新性や創造性は生まれない。

では、今日のビジネスの職場では、こうした若手社員をどのようにして一人前の中堅社員に育て上げ、組織的な成果に貢献させることができるのであろうか。

そもそも、大学を卒業して社会人となって１０年程度の３０歳代前半で一人前の中堅社員に成長するまでに、いつ頃、どのような仕事経験や誰から何を学習しながら成長していくのであろうか。さらに、高いパフォーマンスを発揮して大きく組織に貢献する一人前の中堅社員は、一般的な人材に比べてどのような成長プロセスの違いがあるのだろうか。

## 本書のねらい

これまでのビジネスにおける人材育成の議論では、若手社員や中堅社員を一括りにして論じられることが少なくなかった。しかし、入社直後の新入社員と5年目前後の半人前の中堅社員や9年目頃のベテラン中堅社員では、実際に担当する仕事内容の特性や求められる知識や能力も大きく異なる。したがって、彼（女）らに対する育成のあり方も大きく異なるはずである。また、個々人によって成長のスピードも少なからず異なる。それゆえに、実際の職場では、個々人の成長のステージに応じて適切な人材育成が求められているのである。

そこで、本書では、まず第Ⅰ部では、職場での人材育成の共通基盤となるＯＪＴの仕組みや学習のメカニズムを探求する。漠然としたイメージでしかないＯＪＴや職場での学習について、アカデミックな知見を踏まえて知的に探究する。

そして、第Ⅱ部では、入社直後の若手社員から一人前の中堅社員に成長するまでの９年間の成長プロセスと学習要件について、独自の調査分析によって明らかにする。若手社員としての初期（1年目から3年目）、半人前の中堅社員としての中期（4年目から6年目）、ベテラン中堅社員としての後期（7年目から9年目）という３つの成長のステージに区分して特徴を明らかにする。

最後に、第Ⅲ部では、こうした成長ステージを踏まえて、それぞれのステージごとに職場での上司による人材育成の要件やポイントを具体的に提示する。

なお、本書は、極めてアカデミックなビジネス書でもある。一般に、学術的に明らかにされる知見は、客観的に深く探求されるが、狭い領域に限定されて断片的になりがちである。他方、一般的なビジネス書などでの知見は、幅広く包括的だが主観的な経験則に基づくことが少なくない。そういう意味で、本書は両者の良いとこ取りを目指した。ビジネスパーソンにとって、できる限り分かりやすく学術的な研究成果を紹介し、それらを踏まえて実践的に応用して活用できるように努めた。

早く一人前に成長したいと思っている若手社員や中堅社員にとって、いつ頃までに、何を経験し、そこから何を学習すべきなのかを理解して、着実に成長することを期待している。そして、彼（女）らの育成に戸惑っている職場の上司や人事教育スタッフなどの読者にとって、これからの人材育成の考え方や実践のための様々なヒントを摑み取り、少しでも効果的な教育を実践できるようになることを期待している。

目次

## 第6章

## 第９章　日本企業の若手社員が一人前の中堅社員に成長するための要件…141

イラスト　岡田　岸子
レイアウト・編集　有限会社キープニュー

# 第Ⅰ部

# OJTを中心とする職場教育の仕組みを探求する

一般的にビジネスの世界での教育体系といえば、ＯＪＴとＯｆｆ‐ＪＴに大きく区分される。周知のようにＯＪＴとは、実際の生産活動を伴いながら上司や先輩などが指導する職場での教育である。また、生産活動を伴わずに、直接的な仕事とは切り離された教育は、Ｏｆｆ‐ＪＴと呼ばれ、具体的には集合研修やインフォーマルな勉強会などが相当する。外見上の教育体系といえば、Ｏｆｆ‐ＪＴを中心とした教育研修体系を意味することが多い。

ところが、ＯＪＴは職場の外からは見え難い。多くの日本企業における人材育成の共通基盤は、昔からＯＪＴであると言われ続けているが、その実態については漠然としたイメージしかない。職場では上司や先輩などがＯＪＴに取り組んでいるはずなのだが、本当のところは人事スタッフも把握できておらず、職場の上司に丸投げしているのではないだろうか。

実際に、大半の現場の上司にとって、ＯＪＴとは具体的に何をどうすべきかが分からないままに、職場での教育を押し付けられてきたのではないだろうか。人事スタッフは、階層別研修や選抜幹部教育については積極的に関与してきたが、職場教育について見て見ぬふりをしてきたのではないだろうか。

こうして今日に至るまで、職場教育に関する本質的な仕組みや具体的なノウハウについては、依然としてブラックボックスのままなのではないだろうか。そこで、第Ⅰ部では、ＯＪＴを中心とする職場教育や職場での学習について、本質的な仕組みを知的に深く探求する。

第1章

# これまでの職場教育の仕組み

## ビジネスパーソンはどのようにして学習するのか

一般的な教育体系を構成するＯＪＴとＯｆｆ‐ＪＴおよび自己啓発などの教育形態は、実際のビジネスパーソンの学習や成長にどれほどのインパクトを持っているのであろうか。

リーダーシップ開発などのビジネスにおける学習への影響力は、仕事による経験が７０％、上司や先輩などの他者からの薫陶などが２０％、自己啓発や教育研修などは１０％に過ぎないことが明らかにされている(9)。すなわち、実際のビジネスにおいて効果的な教育形態は、集合研修などのＯｆｆ‐ＪＴや自己啓発などは１０％でしかなく、仕事経験と上司や先輩からの指導によるＯＪＴが９０％を占めていると考えられる。

また、最近のビジネスパーソンを対象とした、現在の仕事を効率的に遂行するうえで有効であった教育訓練や仕事の経験に関する国際的な調査によれば、日本人ほ

ど多様な職能の経験と職場の上司による指導やアドバイスの割合が多いことが明らかにされている。(10)

ただし、実際には、成長段階にしたがってこれらの構成比率は異なるはずである。第Ⅱ部で明らかにされることになるが、日本企業の入社直後3年間の若手社員にとっては、仕事上の経験だけでなく、上司や先輩などからの薫陶の割合が多い。そして、半人前からベテランの中堅社員に成長するにしたがって仕事上の経験の割合が大半を占め、同時に自己啓発や研修などの割合も徐々に増えていくのである。

# 職場教育の中心となるＯＪＴのブラックボックス問題

## ◆成り行き任せのＯＪＴ

昔も今も、ビジネスにおける職場での人材育成は、仕事経験と上司や先輩からの指導などを合わせたＯＪＴが中心であることに変わりはない。しかしながら、実際には大半のＯＪＴは「成り行き任せのＯＪＴ」でしかない。これまでのＯＪＴは、「計画的ＯＪＴ」などと称されて、明示的に制度化されることもあるが、現場での実態は形骸化していることが少なくない。

１９９０年代後半の成果主義人事制度ブームの後、多くの職場では少ない人数で大量の仕事をこなすことが求められている。一般的な日本企業では、従来から先輩社員が新入社員などの後輩の指導を任されてきたが、彼（女）らは自分自身の業務を遂行して成果を創出することで手一杯である。また、限られた人材でより高い組織的成果を求められている管理職は、プレイング・マネジャーとして自ら直接的な職務遂行も担い、ますます多忙を極めている。

こうした状況の中で、上司や先輩は、必要に応じて部下や後輩に様々な仕事を与えるが、その仕事によって何を教育し学習させるのか、ということをあらかじめ意識的に計画しながらＰＤＣＡを実践しているケースは多くはない。いつまでに、何を、どこまで、どのようにして教育すべきか、という教育の５Ｗ１Ｈを、日常的に明確に意識してＯＪＴを実践している上司や先輩はごくわずかでしかない。

## ◆成り行き任せも可？

失敗学で著名な畑村洋太郎氏は、製造業の現場でのＯＪＴの実情に関して次のように指摘している。「ＯＪＴを行うためには、本来は指導者の教育から始めなければならないはずですが、実際には指導者用の教育はほとんど行われてはいないのです。しかも、指導者のほうは自分自身の仕事に忙殺されていることがほとんどですから、結局のところ後輩に対して何も教えることができなくて、指導内容も曖昧のまま『ＯＪＴを行っているフリをしている』というケースが多い（1-1）」という。

職場でのＯＪＴは、生産活動を伴う教育であることから、学習者には実際に仕事をさせることが前提である。学習者は、仕事さえ与えられれば、何かしら経験的に学習することは可能である。その結果、ＯＪＴ指導者としての上司や先輩は、成り行きに任せて適当に仕事を与え続けたとしても、学習者は何かしら学習し成長することはできる。

しかしながら、上司や先輩が学習者に対して適当に任せられそうな仕事を切り出して与えるだけでは、意図的な教育は成立しない。ＯＪＴによる教育的効果は、学習者の状況に応じてどのような仕事を任せて、どのように関与して支援するかに大きく左右される。

### ◆職場のＯＪＴはブラックボックス

ところが、実際の職場でのＯＪＴは、外から覗くことが難しいブラックボックスである。上司や先輩が学習者に対して、何らかの仕事を与えていることは、外見的に観察することはできる。しかし、それらの仕事をどのような意図で与えて、日常的にどのように関与して支援しているのかを客観的に観察することは難しい。

したがって、外部から組織に参入する新入社員や若手社員にとって、所属組織の中では、何を、いつまでに、どのようにして学習すべきなのか、ということは、実際に組織に入ってみなければ分からない。入社前に彼（女）らが客観的に把握できる教育体系の内容は、入社案内や会社のホームページに掲載されているＯｆｆ‐Ｊ

Ｔを中心とする研修体系でしかない。実際に配属される職場での教育の実情を、事前に把握することはほとんど不可能である。

しかも、指導する側の上司や先輩にとっても、彼（女）らに対して何を、いつまでに、どのように教えたらよいのかも漠然としかイメージできていないことが多い。これまではＯＪＴの仕組みやノウハウを体系的に教育される機会もほとんどなかったからである。

それにもかかわらず、戦後の日本企業における暗黙的な職場教育はしばらく効果的に機能していたように思われる。

ではなぜ、今日のＯＪＴを中心とする職場教育は、問題が生じてしまうのであろうか。そもそもこれまでの伝統的なＯＪＴを中心とする職場教育には、どのようなメカニズムや仕組みが存在するのであろうか。

# 徒弟教育制度がＯＪＴの起源

## ◆徒弟教育制度の歴史

近代からの制度化された学校教育の歴史に比べると、職場教育の歴史は人類の歴史と歩調を合わせるようにはるかに長い。古代のギリシャやローマの建築物などは、今日でもヨーロッパ各地に残されているが、それらの偉大さに驚かずにはいられない。精緻な建築技術や職人技の水準は、今日でも称賛されているが、こうした技術や職人技はどのようにして受け継がれてきたのであろうか。

欧州では中世の時代に慣行的に制度化された職人技は、「ギルド」と呼ばれる徒弟教育制度として知られている。日本でも中世の時代には徒弟教育制度が確立し、今日でも職人や伝統芸能の世界では受け継がれて温存されている。

また、日本の中小企業の製造現場などでは、熟練の「技（わざ）」がものをいう職人の世界が今でも存立している。NHKの人気番組である「プロフェッショナル」では、しばしばこうした職人の凄腕が取り上げられてきた。

こうした徒弟教育制度は、初心者が一人前になるまでの、目には見えない暗黙的な教育制度である。この画期的な仕組みが、様々な職人技や伝統技能を伝承することを可能にしてきた。こうして初心者が一定の修行期間を経て一人前の「わざ(技)」を習得して独り立ちしたり免許皆伝を許されたりすることが可能になっていたのである。

職人の世界を観察してきた小関智弘氏は、「俗に、職人は『だまって見ていろ』とか『技は盗んで憶えるものだ』と、意固地で不親切というように言われがちです。でもそれは教わる側の姿勢が安易で、努力する前に聞いたほうが楽だという場合が多いことも事実です」と指摘している。そして、「教える側が職人ですから教え上手ではないかもしれませんが、育て上手ではありました」[12]と。実に含蓄のある指摘をしている。

徒弟教育制度とは、生産活動を通して様々な知識やスキルなどを教育する仕組みである。実際に仕事をさせながら様々なことを教育する仕組みであり、今日のＯＪＴの起源となる人類の長い歴史の中で洗練されてきた画期的な目には見えない仕組みなのである。

では、これまでの職人や芸人は、徒弟教育制度によってどのようにして高度な技を習得して一人前のレベルに至ることができたのであろうか。

## 目には見えない徒弟教育制度の仕組み

### ◆徒弟教育制度のメカニズム

教育学者であるジーン・レーヴとエティエンヌ・ウェンガーは、現代でも温存されていたアフリカの仕立屋の徒弟教育の仕組みを深く観察し続けることによって、そのメカニズムを明らかにした。

仕立屋の弟子の仕事は、新人の頃は使い走り、メッセージの伝達、他人への同行、完成した衣服のアイロンがけや細部の仕上げなどの単調で周辺的な作業から始まる。そして、生産工程を逆向きにたどりながら、段階的に難易度の高い仕事を任されるようになる。徐々に仕事の価値や貢献度を高めながら、最終的には裁断作業などの熟練者レベルの技が求められる、中核的な仕事が与えられる。こうした段階的に難易度の高い仕事を与える仕組みそのものが教育プログラムであり、そのプロセスを通して役割が変化しアイデンティティ（職人らしさ）が確立されて熟練のレベルに至るのである。[13]

つまり、新参者としての周辺的な仕事から古参者としての十全的な仕事へ至る長期的な役割変化が、生産活動の中に暗黙の教育プログラムとして埋め込まれているのである。親方は、約１０年という長期間、弟子への仕事の与え方を調整することによって、それぞれの役割で要求される技のレベルを段階的に習得させて一人前に成長させるわけである。

## ◆徒弟教育制度の特徴

認知心理学者の野村幸正氏は、こうした徒弟教育制度の仕組みには、いくつかの特筆すべき特徴があると指摘している。

まず、「手で知って心に伝わる」非言語的な教育である。「教えない」ことによって、ある程度の元型を体得させながらも、「技（わざ）」の固定化を回避して本人の自発性を誘発させる深い配慮がある。ただし、そのためには、弟子には長期的な動機づけが要求される。

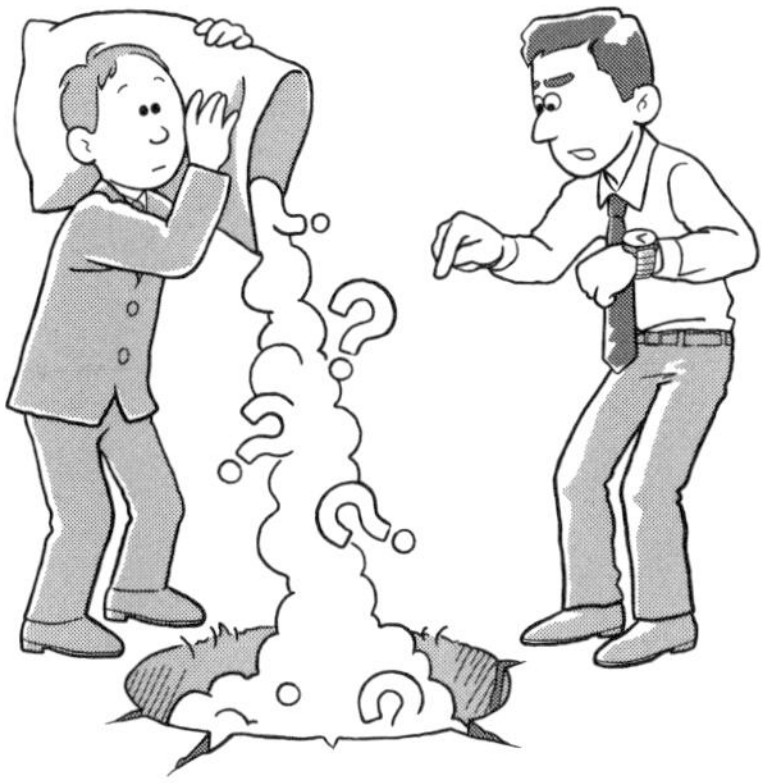

次に、一人前の技に至るまでのプロセスでは、段階的な目標が曖昧で標準化も構造化もされていない。その結果、弟子は、非段階的に全体的なモデルを生成的に拡大しながら、次第に目標と現状とのギャップを主体的に認識していく必要がある。

さらに、技の習得は、師匠の表層的に表現された「形」を模倣することから始まる。しかし、その「形」が何を意味するのかを知るすべはなく、全体状況の中から「形」の意味を自ら解釈しなければいけない。また、技の評価も曖昧であるため、何をどうすべきかを自分で考え続けなければいけない。そして、直接表現されない「間」を体得することによって、「型」を習得し技に習熟することが求められるのである。[14]

要するに、長期的な時間を必要とした、言語を使わずに構造化されることのない、曖昧かつ暗黙の教育プログラムであることが特徴である。そして、教えられる側には継続的な学習への動機づけが要求される。その結果、ごくわずかな一部の弟子だけが一人前の技のレベルに至り、独自の境地を開拓して独り立ちすることになる。いわば暗黙の「淘汰的な教育プログラム」である。

図 1-1　徒弟教育と学校教育の相違

| | 徒弟教育制度の特徴 | 学校教育制度の特徴 |
|---|---|---|
| 教わる者の積極性 | 何よりも重要 | ある程度重要 |
| 教わる者の才能 | 各人のもつ才能に大きく依存する | ある程度まではあまり才能に依存しない |
| 教授伝達するもの | 具体例（変形） | 抽象的な法則、体系（典型） |
| 教授の状況 | 具体的な状況を必要とする | 抽象的な場（学校） |
| 教授の仕方 | 1 対 1 の個人教授が前提 | マスプロ教育が可能 |
| 教える者と教わる者との関係 | 人間的なつながりが前提 | 必ずしもこの関係は必要ない |
| 教える者が発揮する能力 | 具体的に実演しうることが前提 | 必ずしもそうでない |
| 教える者と教わる者との能力差 | 絶対的な開きを前提 | 必ずしもそうでない |
| 教育の効率 | あまりよくない | かなりよい |
| 教授法 | 体系化されていない | 体系化されている |
| 教育観 | 教えないという教育 | 教える教育 |

出所）野村幸正（1989）『知の体得　認知科学への提言』福村出版、p.156 より一部改編。

## 徒弟教育は、学校教育と何が違うのか

一方、学校教育の特徴は、こうした徒弟教育とは全く逆である。一般に学校教育の仕組みは、「インストラクショナル・デザイン」にしたがってカリキュラムやプログラムが合理的に設計されている[15]。

同じく野村幸正氏によれば、まず、言語による体系化された原型を教えて応用という形で変形を生成させる教育である。その手順は、標準的に構造化されている。

①技能の習得過程を分析する。

②分析による知見から法則を定立する。

③法則を具体的に応用して習得させる。

次に、目標は所与のものとして外部から与えられ、本人の技量にしたがって各段階の目標が明確に提示され、当面の目標と現状とのギャップは小さく設定される。

さらに、段階的な目標にしたがって直接的な評価が詳細に与えられ、カリキュラムにしたがってより高度な段階の技能を習得する[16]（**図1-1**）。

実際に、日本の小中学校などでは標準的に構造化された学習指導要領が存在する。それらにしたがって画一的に指導方法が定められており、定期的に試験を実施すれば、各人の知識レベルを客観的に測定することができる。そして、各人の知識レベルに応じて個別指導をすることができる。その結果、できる限り落ちこぼれを最小限に抑制することが可能なのである。言わば、明示的な「底上げ式の教育プログラム」である。

ただし、画一的に構造化された教育プログラムであることから、個々人の個性を尊重して創造性を育むことは難しいと言われている。

## 今日の職場教育における新たな問題と課題

徒弟教育制度を中心とする職人の教育の仕組みは、日本企業の製造業などの技能職（ブルーカラー）だけでなく、事務・技術職（ホワイトカラー）の世界にも受け継がれてきた。戦後の高度経済成長時代から、多くの日本企業では、新卒採用を中心にして組織の中で長期的に人材を育成することが前提だった。こうした人材育成を担うのは、組織の末端に位置する職場である。そして、徒弟教育制度を起源にもつＯＪＴを中心とする職場教育は、それなりに機能していた。

ところが、今日の多くの日本企業などの職場では、これまでのようなＯＪＴを中心とする職場教育が、機能不全に陥ることが少なくない。とりわけナレッジワーカーと呼ばれるようになった今日の大卒ホワイトカラーの育成には多くの問題をはらんでいる。

今日のナレッジワーカーと呼ばれる正社員の仕事は、高度に分業化されて専門的になり、先の見通しが立たない不確実で不透明な仕事が多い。答えのない問題解決や創造的な課題解決が大半である。教育する側の上司や先輩にとっても、あらかじめやり方も分からない仕事を担当することが少なくない。また、スピーディでグローバルな環境変化にしたがって、短期的な成果が求められ、試行錯誤による学習の余地もほとんど残されていない。

また、日本企業の正社員は、短期的な人事異動や一時的なプロジェクト活動などによって、同じ部署で同じ仕事だけを長期間従事することはめったにない。その結果、職場の上司や先輩との関係も短期的で希薄なものになりがちである。

文化人類学者の福島真人氏は、職場の中での上司や先輩と新人との関係は、緩い意味での半制度化された「即興の徒弟制」が構築されると指摘している。「伝統的な徒弟制は親方に到るほど連続的に高度化するが、即興の徒弟制では組織の複雑化に伴ってローカライズ（局所化）される」[17]という。

つまり、長期的な時間をかけて特定の仕事に従事させながら、「見よう見まね」で教え込むような従来型の暗黙的な職場教育だけでは、早く確実に若手社員や中堅社員を育成することが難しくなったのである。

# 第2章

# 今日の職場教育におけるOJTのあり方

## 「ナビゲーション型教育」

### ◆意図的なOJTの必要性

今日の日本企業の職場の中で若手社員を一人前の中堅社員に育成するための職場教育とは、具体的に何をどうすべきなのであろうか。とりわけ入社初期の若手社員を、効果的かつ効率的に育成するためには、上司や先輩がどのようなOJTを実践すべきなのであろうか。

入社直後の大卒もしくは大学院卒の新人には、業務遂行に必要な知識やスキルだけでなく、組織人としてのあり方や仕事への取り組み姿勢など、多種多様な知識やスキルおよび態度を手取り足取り教えることが要求される。

こうした知識やスキルおよび仕事への取り組み姿勢などの態度を、しかも限られた時間の中で、職場の中で効果的かつ効率的に教育し、早く組織的な成果に貢献させることができるかが問われている。このような職場教育の基盤となる教育は、「成り行き任せのOJT」ではなく、「意図的なOJT」である。

## ◆意図的な教育が成立するめに

そもそも、意図的な教育が成立するための必要最低限の要件には3つの要素がある（**図2-1**）。インストラクショナル・デザインにしたがって構造化された学校教育では、こうした要件があらかじめ明確に定義されている。当然のことながら、今日の職場教育の基盤となるOJTにおいてもこれらの要素が不可欠である。

### （1）将来のあるべき姿や到達目標（To be）

1年後あるいは半年後などの近い将来のあるべき姿（To be）としての学習到達目標が明確であること。いつまでに、何ができるようになるのか、という学習のゴール（学習目標）が明らかになっていることである。具体的には、いつまでに、何ができるように成長して欲しいのかという、役割期待について、複数の具体的な行動（イメージ・ショット）を、あらかじめ列挙しておくことである。

### （2）現在の能力状況や課題（As is）

能力レベルの現状（As is）が把握できていることである。現時点では何がどこまでできるのか、そして現在の役割期待を遂行し学習到達目標に至るためには何が課題なのかを明らかにしておくことである。

図 2-1　意図的な教育が成立するための三要素

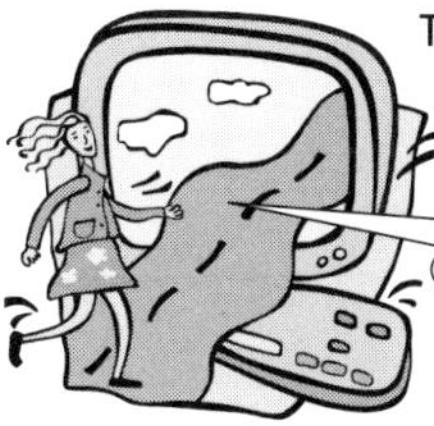


| As is：現在の能力状況や課題 | To be：将来のあるべき姿や到達目標 |
|---|---|
| 現時点では何がどこまでできるのか、そして現在の役割期待を遂行するための課題は何かを明らかにする | いつまでに、何ができるように成長して欲しいのか（将来的な役割期待）について、複数の具体的な行動（イメージ・ショット）を列挙する |
| Story：将来への道筋＝人材開発方法 | |
| 将来のあるべき姿や到達目標（将来的な役割期待）に至るための具体的な学習内容や経験などの学習機会の道筋（本人は、何を、誰から、いつ、どこで、どのように学習するのか）を明らかにして本人と共有する | |

### （3）将来への道筋（Story）

シナリオとしての道筋が明らかになっていることである。近い将来のあるべき姿や役割期待と学習到達目標に至るための、具体的な学習内容や経験などの学習機会の道筋（本人は、何を、誰から、いつ、どこで、どのように学習するのか）を明らかにしておくことである。

これら3つの要素について、職場でのＯＪＴを担当する上司や先輩と、学習者である本人があらかじめ共有しておくことが重要である。

筆者のビジネス経験の中で、こうした要件を詳細に聞ける貴重な機会があった。マネジャーに昇進したばかりの頃だったが、以前から部下の育成に熱心で定評のあるベテランのマネジャーと長時間、雑談する機会があった。その時の会話の中で、彼が一人ひとりの部下の育成について熱く語っていた内容に驚いた。

それぞれの部下について、1年後や3年後にどのように成長して欲しいのか、それに対して現在はどのような状況で何が課題なのか、今後の成長のために何をすべきなのかを詳細に語っていたのである。そのマネジャーとは、同じ営業部門に所属していたので、彼の部下のことは知っていたが、これほど的確に部下の成長を見極めていることに大きな感銘を受けた。彼が部下の育成に熱心で定評があるという理由を理解して納得せざるを得なかった。

## ◆カー・ナビのような教育

ところで、あるビジネス雑誌のインタビュー記事の中で、ブックオフコーポレーションの元会長である橋本真由美氏が、こうした教育を「ナビゲーションのような教育」と表現していた。今日の店舗での新人教育は、カー・ナビゲーションのような教育が不可欠であるという。

今日、全国の観光地などでレンタカーを借りると、カー・ナビが標準装備されている。初めて訪れる土地でもカー・ナビがあれば、目的地を入力すれば現在地からの道順や所要時間までをあらかじめ明示してくれる。こうした機能によって適切な旅行計画を立てることができるようになった。そして、実際に車を運転しながら、交差点などでは進むべき方向までも教示してくれる。

このようにカー・ナビは、現在地（As is）と目的地（To be）およびその間の道筋（Story）が表示される仕組みになっている。これによって、その土地の初心者でも間違いなく効率的に目的地に到達することができるようになったのである。
そこで、筆者はこうした教育の仕組みを「ナビゲーション型教育」と呼ぶことにした。

## 職場で何を学習し教育すべきかを明らかにする

新人などの若手社員を対象としたナビゲーション型教育を実践するためには、あらかじめ学習到達目標に至るために具体的に何を学習し教育すべきかを明らかにする必要がある。製造業やファストフードの職場などでの定型的で反復的な仕事であれば、あらかじめ作業内容や手順が規定されているので、必要な作業内容をリストアップすれば学習すべき内容が大まかに明らかになる。

しかし、今日の大卒若手社員の仕事には、習得しなければならない知識やスキルが膨大で多岐にわたっているため、学習し教育すべきことを即座にリストアップすることは容易ではない。

### ◆学習成分の分析

そこで、学校教育などで活用されているインストラクショナル・デザインにしたがって、あらかじめ仕事内容を分析し、学習すべき内容を抽出する工夫が必要になる。教育学ではこうした工程は「学習成分の分析」などと呼ばれている。学習成分とは、特定の仕事に求められる役割行動を実践するために不可欠な知識やスキルおよび取り組み姿勢などの態度で構成される学習要素のことである。

そもそも特定の職務遂行に必要な要素は、その学習方法が異なる4種類の学習成分に分けられる[18]。これらの学習成分は、氷山のモデルで説明することができる（**図2-2**）。外からの観察が困難な水面下の下層になるほど学習は難しくなり、長時間の習熟期間を必要とする。

### （1）「**宣言的知識**」

宣言的知識とは、そのまま暗記して答えられる形式的な知識である。具体的には、歴史の年号や数学の公式のように言葉や概念などで表現される形式的な知識である。主な学習方法は、公式もしくは非公式な集合研修や勉強会などのＯｆｆ-ＪＴや自宅での自習などの機会である。

### （2）「**手続的知識**」

手続的知識とは、様々な知識や情報を駆使して実践するための広い意味での知識だが、日本語ではしばしば「スキル（技能）」と呼ばれるものである。こうしたスキルは、さらに「知的スキル」と「運動スキル」に分類される。一般に数学の公式をどれだけ暗記しても、難問を解くことはできない。ドリルなどで多くの練習問

**図 2-2　学習方法の異なる 4 種類の学習成分の要素**

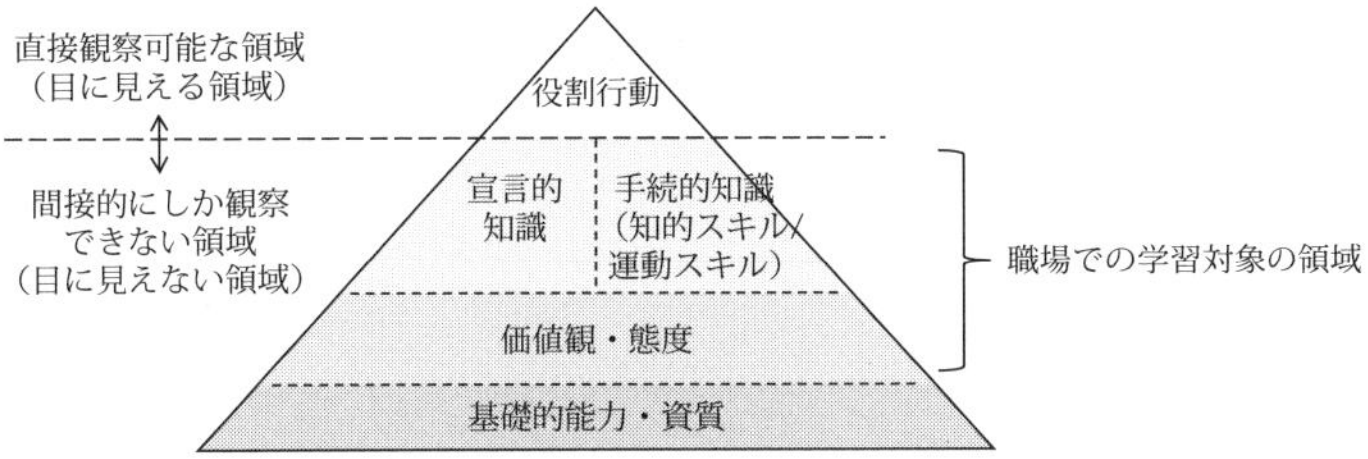


<table>
<tr><th colspan="2">学習領域</th><th>学習成分の内容と記述表現のポイント</th><th>主な学習方法</th></tr>
<tr><td colspan="2">宣言的知識</td><td>特定の質問に対して答えられる事実の列挙や特定の情報<br>e.g. マーケティングの 4P、○○の法則：「……を知っている」</td><td>フォーマルまたはインフォーマルな職場教育などの Off-JT</td></tr>
<tr><td rowspan="2">手続的知識</td><td>知的<br>スキル<br>（技能）</td><td>特定の情報や概念知識を駆使して問題解決や何らかの行動を実行する<br>e.g. 課題解決能力：「……をすることができる」</td><td rowspan="2">職場での生産活動を通した訓練教育（OJT）と実技を伴う訓練教育（Off-JT）</td></tr>
<tr><td>運動<br>スキル<br>（技能）</td><td>繰り返しの練習が要求される精神活動を伴う筋肉運動<br>e.g. Å 単位でガラス表面を研磨する技能：「……をすることができる」</td></tr>
<tr><td colspan="2">価値観・態度</td><td>特定の選択や判断をする傾向や心構え（その仕事に特有の「～らしさ（way）」）<br>e.g. 執着心、顧客サービス志向：「……する姿勢 / 態度」</td><td>上司や先輩の模範行動のモデリング（観察）学習や仕事の逸話やエピソード（物語）の語り</td></tr>
</table>

題を実際に解いていくうちに、様々な解き方のパターンに習熟することが必要だからである。同様に、プロフェッショナルや職人技の世界は、外から見ていると簡単そうに見える仕事や作業でも、実際にやってみると様々なコツを習得しなければプロ並みの仕事に精通することができない。これらの認知パターンやコツは、言葉や図表に表現することが困難な「暗黙知」などとも呼ばれている。[19]

　主な学習方法は、実際の生産活動を通して学習するＯＪＴである。また、ロールプレイングなどの実践的な実技を伴う研修なども効果的である。言葉や概念で表現されないため、頭で理解するというよりも、実践的な活動を幾度となく繰り返して、体に覚え込ませて体得（習熟）せざるを得ない要素でもある。

### （3）「価値観・態度」

価値観・態度とは、特定の組織などで職務遂行に不可欠な特有の価値観や心構えなどの取り組み姿勢である。具体的には、「〜らしさ」などと表現されるアイデンティティに深く関係している。実は、こうした特有の価値観や態度が、先述の知識やスキルよりも個々人のパフォーマンスを大きく左右することが少なくない。

たとえば、営業職として売れるか売れないかは、しばしば頭の良し悪しとは別問題である。筆者のビジネス経験によれば、商品知識が豊富でコミュニケーションスキルなどが高くても、それだけではトップ営業マンにはなれない。本気で顧客の立場になって物事を考えられる顧客志向や、営業目標を達成することに執着するという価値観や取り組み姿勢が不可欠である。多少なりとも必要な知識やスキルが欠けていても、こうした取り組み姿勢が体得されていれば、トップ営業マンになれる可能性は高い。

ところが、こうした価値観や態度は、言葉で表現してしまうと、ごくありふれた一般的なスローガンのような謳い文句でしかない。「顧客志向」や「目標達成への執着」などは、どこの組織でも頻繁に使われている。肝心なのはその徹底度合いである。

たとえば、営業マンが、顧客の状況を徹底的に観察し、その結果を踏まえて課題解決を提案するのと、顧客のことを十分に理解もせずに口先で顧客のためにと言って商品サービスを提案するだけとでは、顧客に対する説得力や信頼は大きく異なるであろう。どこまで本気で取り組むのかという姿勢や態度が問われることになるからである。

主な学習機会は、単なる抽象的な言葉ではなく、本人が実践活動を通して何をどこまですべきかを、経験を通して徐々に認識することが基本である。そして、意図的な学習支援として、上司や先輩などが繰り返し薫陶を与えたり、彼（女）らの模範行動を観察して学習させたり、職務に特有のエピソードや逸話を語り伝えるなどして、心と体に染み込ませることが効果的である。どこの組織でも、組織や職種に特有の武勇伝などは、典型的な価値観や態度を表現するエピソードや物語として語り継がれているはずである。

### （4）「基礎的能力・資質」

基礎的能力・資質とは、理解力や器用さなどの職務遂行に必要最低限の汎用的な能力や特定の資質である。ただし、こうした基礎的な能力や資質は、そもそも採用の段階でスクリーニングされるべき要素である。後天的に職場で学習することは極めて困難であるがゆえに、職場教育の対象とはならないと考えられる。

### ◆学習成分を分析するための手順

これらの学習要素に分けて、何を学習し教育すべきかを明らかにすることが、学習成分の分析である。学習成分ごとに学習や教育の方法が大きく異なるため、あらかじめ学習要素に分けておくと、実際に選択すべき行動も明らかになる。こうした学習成分の分析によって、特定の職務を遂行するためには、何を学習し教育しなければいけないのかを明らかにすることが可能になる。

具体的には、新人や若手社員の職場教育を担う上司や先輩が、以下の基本的な手順で作成する。

①学習者が担当する仕事の大まかな手順や流れのステップ（フェーズ）を書き出してみる。
②フェーズごとに必要なコツやポイントなどを洗い出してリストアップする。
③コツやポイントをチェックしながら、必要な学習成分を洗い出してリスト化する。

### ◆新規開拓法人営業の事例

実際に、かつて筆者がビジネスマン時代に従事していた教育研修サービスの新規開拓法人営業の事例を紹介しよう（**図2-3**）。主要なステップは、見込客リストを作成し、訪問のアポイントを取り、実際に訪問してヒアリングし、後日、提案書

**図 2-3　新規開拓法人営業の事例**

| 主要ステップ | キーポイント | キーポイントの理由 |
|---|---|---|
| 見込み顧客リスト（アタックリスト）を作成する | マスコミなどで話題になった企業や業績が好調な企業で、競合他社との取引企業などをリストアップ | 業績が向上している企業ほど投資意欲が旺盛で、競合他社との取引があることはニーズが顕在化している証拠 |
| | 帝国データバンクなどから財務情報や取締役の構成などの基本情報を付加して | 相手をよく知ることがアポイントを取ったり初回訪問する際に必要 |
| 電話でアポイントをとる | できる限りトップに | 経営者に近いほど金銭的な決裁権が大きい |
| | 同業他社の事例などの、相手が興味をそそられる情報を小出しに | 相手が興味を示して話を聞きたいと思わせることによってアポの成功率を高める |
| | 一日に電話する平均件数目標を決めて | 明確な目標を立てて継続することが不可欠 |
| 訪問してヒアリングする | 相手の業界や財務の状況を十分に調査した上でヒアリングすべき内容を明確に | 相手に関する知識が豊富なほど、相手から共感が得られて本音でのヒアリングが可能 |
| | 相手に有益な情報を小出しにしながら、相手の問題意識やニーズを探索するヒアリングに徹しながらその痛みを共有して | 相手が本当に困っていることは何かを顕在化させて見極めることが肝要で、その痛みを理解することが信頼関係を構築するカギ |
| 提案書を作成してプレゼンテーションする | 先方のベネフィット・ポイントを客観的かつ具体的に提示し、その根拠を明確に | セールスポイントではなく、相手に何をもたらすことができるかが説得のカギ |
| | プレゼンは 20 分以内で要点を簡潔に | 多忙な人間の集中力は 15 ～ 20 分程度 |
| クロージング（成約）する | 成約に必要な決済の 5W1H を漏れなくヒアリングし、対処すべき課題と対策を明確に | 相手の決済に必要な要件を確認して、常に次のアクションを明確にして、営業効率を上げる |
| アフターフォローする | 具体的な成果を確認し、問題があれば対処を迅速に | 顧客にとって具体的な成果や満足度を確認し、顧客を紹介していただく機会であり、他社事例として営業に活用することができる |

**図 2-4　具体的な学習成分の洗い出し方法**

| 学習目標 | 月間の新規成約件数が平均して３～４件獲得できる |
|---|---|

| 学習領域 | 具体的な学習成分内容リスト | 主な学習方法 |
|---|---|---|
| 宣言的知識 | ・商品の機能やセールスポイントに関する最新の知識<br>・競合他社や業界動向に関する最新の知識<br>・経営戦略や財務などの経営管理に関する一般的知識<br>・経済状況や様々な顧客の業界特性に関する一般的知識<br>……etc. | ・集合研修での集中的な知識習得<br>・随時開催する社内の勉強会<br>・新聞・雑誌やビジネス書による日常的な自己啓発 |
| 手続的知識（知的スキル／運動スキル） | ・訪問営業でのヒアリング・スキル<br>・提案書を作成するための概念化スキル<br>・プレゼンテーション・スキル<br>……etc. | ・コミュニケーション・スキルやプレゼンテーション・スキルなどの集合研修<br>・職場でのロールプレイング学習<br>・営業同行や提案書作成などの機会でのOJT |
| 価値観・態度 | ・徹底的な顧客志向（顧客の立場で物事を考える態度）<br>・営業目標の達成に対する強い執着心<br>・フットワークとスピードを尊重する態度<br>……etc. | ・モデルとなる先輩や上司の行動観察<br>・社内で語り継がれる逸話（営業物語）の語らい<br>・担当顧客からの満足度調査や社内の同僚や上司からの行動観察結果のフィードバック |

を作成してプレゼンテーションし、クロージング（成約）し、最後に納品やアフターフォローをする一連の仕事の流れである。こうした仕事の主要なステップごとに、キーポイントやその理由を明らかにして整理したものである。

そして、こうして整理した仕事の流れとコツやポイントをチェックしながら、具体的な学習成分を洗い出すことになる。すなわち、必要な知識やスキルおよび態度を洗い出して整理したものが、本人が学習すべき内容であり、上司や先輩が教育すべき内容である（**図2-4**）。

実は、当時はこのようなドキュメントがなかった。当時を振り返りながら、ＯＪＴを通して上司や先輩から教えてもらいながら習得したことを思い出しながら整理して明示したものである。

当時、こうしたドキュメントがあれば、もう少し早く確実に営業成績を上げられたのではないかと思うのだが。

## 職場における学習と教育の実践方法

いつまでに、何を学習し教育すべきかが明らかになれば、具体的にどのように学習し教育すべきなのか、すなわち、職場での学習と教育の方法を理解しておくことが必要になる。

今日、一般的に教育と言えば、学校教育を連想することが少なくない。しかし、学校教育と実社会での教育は大きく異なる。教育学の世界では、学校教育は「ペダゴジー」と呼ばれるが、実社会での大人の教育は「アンドラゴジー」などと呼ばれ、明確な相違が指摘されてきた。[20] 教育の目的や仕組みなどが大きく異なるからである。

では、一般的な職場での大人の学習や教育の方法とはどのようなものであろうか。具体的にどのような仕組みによって学習し教育することが可能になるのであろうか。

そもそも職場での大人の学習と教育の方法には4つの形態がある（**図2-5**）。

図 2-5　職場における学習（教育）

**Ⅰ概念的学習：教育者＝「教師」**

トレーナーが業務遂行に必要な知識や情報を教示して理解する（仕事の仕方を教授する）

**Ⅱモデリング（観察）学習：教育者＝「模範者」**

トレーナーが業務遂行の模範を見せてイメージする（仕事の模範を見せる）

**Ⅲ経験的学習：教育者＝「監督者」**

トレーニーに実際の業務を経験させて体得する（仕事を割り当てて監督する）

**Ⅳ対話による学習：教育者＝「コーチ」**

トレーナーとの様々な対話や行動結果のフィードバックによって気づく（質問をして気づかせる）

### （１）「**概念的学習**」

概念的学習とは、学習し教育すべき物事を、言葉や図表などを駆使して概念的に学習し教育する形態である。一般的な学校教育の大半がこうした形態で占められており、実社会では一般的にＯｆｆ‐ＪＴなどと呼ばれている集合研修や勉強会などである。こうした形態での教育者は、文字通りの「教師」としての役割を果たすことになる。

### （２）「**モデリング（観察）学習**」

モデリング（観察）学習とは、徒弟教育に代表されるように、指導者の「背中を見て覚える」形態である。すなわち、明確な言葉や概念などを使わずに、教える側が模範を見せることによって、学習者が目で見て学習する形態である。したがって、この形態での教育者の役割は、「模範者」となる。

### （３）「**経験的学習**」

経験的学習とは、生産活動などの実践経験を通して学習する形態である。こうした経験的学習は、職場での学習の大半を占めており、ＯＪＴの中核となる学習形態である。

その際の教育者は、実際の仕事をアサイン（割り当て）して監理する「監督者」の役割を果たすことになる。

### （4）「対話による学習」

対話による学習とは、教える側が、学習者の実践経験のプロセスや結果を観察し、適切な質問やフィードバックを提供することによって、学習者に気づかせて学習させる形態である。4つの形態の中では最も高度な次元の学習であると言えよう。その際の教育者は、「コーチ」の役割を担うことになる。

実は、これらの学習と教育の方法は、職場教育における具体的なOJTの実践方法でもある。すなわち、上司や先輩などのOJT指導者が具体的に実践すべき教育とは、以下の4つである。

（1）言葉や概念を駆使して教える「概念的教育」（教師の役割）。
（2）ロールモデルとして模範を見せる「モデリング教育」（模範者の役割）。
（3）実際にやらせて経験させる「経験的教育」（監督者の役割）。
（4）やらせた経験を踏まえて気づかせる「対話による教育」（コーチの役割）。

実社会での大人の学習と教育は、こうした4つの方法を組み合わせて成り立っている。そして、教育する側は、こうした学習や教育の方法にしたがって、多様な役割を担うことになるのである。

# 職場における「仕事の教え方」の原理原則

## ◆米国の国家戦略としての科学的産業教育

初めて国家戦略として産業組織における効果的な学習や教育のあり方を科学的に模索したのは、第二次世界大戦中の米国政府である。当時の米国政府は、米国内の兵器や弾薬などをはじめとして戦時中の物資の生産性を大幅に向上させて国内のロジスティックスを安定させる必要が生じた。拡大する戦線に大量の兵士を投入することになり、戦時物資の生産を担う熟練した男性の技能者が不足することが懸念されていた。その穴埋めとして多くの女性などの未熟練者を雇用して増産を果たす必要に迫られた。

そこで、米国政府は「戦時マンパワー委員会」(1940年〜1945年)を発足し、政府が主導して米国製造業の戦時物資の増産体制を確立することになった。この戦時マンパワー委員会の主な活動は、主に製造現場における効果的な社員教育の原理原則を科学的に模索し、その成果を全米の産業組織に普及させることだった。具体的には、全米の製造工場などで働く監督者の中から、人材育成に定評のある優れた監督者を集めて、彼らの教育や指導方法を観察して概念的に体系化することだった。(21)

こうした国家戦略としての科学的な産業教育は、戦時中の米国経済の生産性を向上させ、連合国側を勝利に導くことになった一因であるとも言われている。そして、こうした活動の成果は、終戦直後に『*The Training Within Industry Report*』として刊行された。ここには監督者による効果的な教育訓練の手法として「仕事の教え方」(Job Instruction)などが提示されている。

## ◆戦後の日本における産業教育のはじまり

他方、周知のように日本の戦時中から終戦直後の製造業は、壊滅的な打撃を受けて喘いでいたが、１９５０年に勃発した朝鮮戦争を契機にして復活しはじめた。米国が介入した朝鮮戦争に必要な物資の補給基地となった日本では、ＧＨＱが製造業の生産性を向上させるためにＴＷＩ(Training Within Industry)を普及させたのである。その母体となったのが、現在でも活動を続けている「日本産業訓練協会」である。驚くことに、当時のＴＷＩの仕事の教え方のマニュアルの一部は、現在でも日本の大手自動車会社などで活用されているマニュアルと極めて酷似している。(22) 今日でも変える必要がないほど、洗練されたマニュアルであるという証左である。

## ◆「仕事の教え方」

さて、こうした経緯によって米国で開発され、日本企業でも普及した効果的な「仕事の教え方」の原理原則とは、どのようなものであろうか(**図2-6**)。

新人などの未熟練者を対象とした教育は、大きく分けて４つのステップで構成されている。

①「仕事の仕方を教授する」。言葉や図表などを活用して、為すべき仕事の概要を確実に説明して理解させることである。

②「仕事の模範を見せる」。指導者が、実際にその仕事をやって見せることである。

③「仕事を割り当てて監督する」。実際に仕事を与えてやらせてみることである。

④「質問と対話を通して気づかせる」。学習者の職務遂行について、適切な質問やフィードバックを通して何が良くて何がダメなのかを認識させることである。

ちなみに、第二次世界大戦中の日本の連合艦隊司令長官だった山本五十六氏は、この原理原則に酷似した格言で有名である。「やってみせ、言って聞かせて、させてみて、ほめてやらねば、人は動かじ」。彼は、同時代にこうした原理原則を経験的に学習し理解していたのである。驚くべき事実である。

なお、初心者や新人から熟達したベテランクラスに成長すると、こうしたステップをすべて踏襲するわけではない。主に経験的学習と指導者との対話によるフィードバックなどが中心となる。つまり、本人の熟達レベルにしたがって学習や教育の方法が異なることに留意すべきである。

**図 2-6 「仕事の教え方」の原理原則**

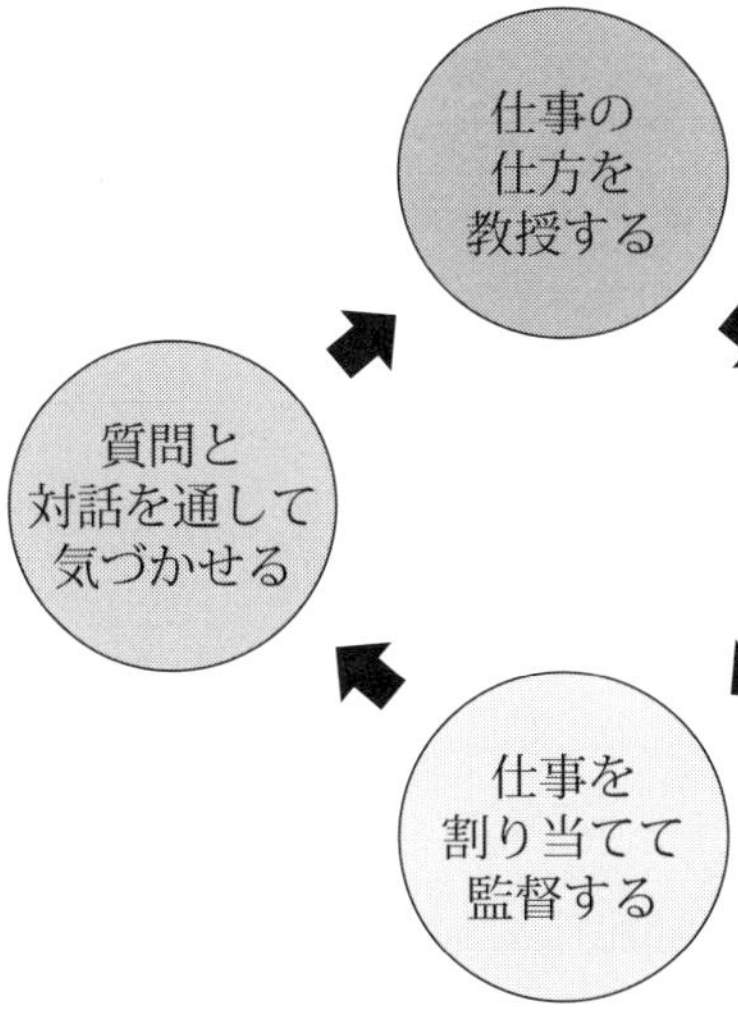


**①モデリング（Modeling）：模範の提示と目的の認識**
まず教える相手に実際にやってみせる

⬇

**②コーチング（Coaching）：親方による個別指導**
手取り足取り教えながら実際にやらせてみる

⬇

**③スキャフォルディング（Scaffolding）：独り立ちのための足場つくり**
一通りできるようになったら独り立ちできるように手助けする

⬇

**④フェイディング（Fading）：援助のフェードアウトと独り立ち**
独り立ちした後は次第に手を引いていく

出所）Brown, J. S., Collins, A., & Duguid, P. (1989) "Situated Cognition and the Culture of Learning", *Educational Researcher*, Vol.18, pp.32-42（杉本卓訳「状況に埋め込まれた認知と、学習の文化」石崎俊、波多野誼余夫編『認知科学ハンドブック』共立出版、1992）および美馬のゆり、山内祐平（2005）『「未来の学び」をデザインする』東京大学出版会、p.152 を参照して作成

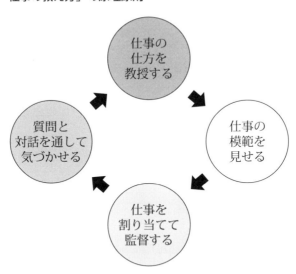

そして、こうした教え方の原則は、近年になって、伝統的な職能教育における認知的徒弟教育のプロセスとして、認知心理学者によって科学的にも検証されて進化させられている。(23)

①教える側が教られる相手に実際にやってみせる。
②教えられる側に手取り足取り教えながら実際にやらせてみる。
③一通りできるようになったら、自立して独り立ちできるように手助けする。
④教えられる側が独り立ちできるようになったら、教える側は次第に手を引いていく。

こうした教え方の原理原則は、製造現場に限られたものではなく、今日の産業組織でも広く活用されている。たとえば、ファストフード店などでは、各店舗に配布されている教育マニュアルには、こうした教え方の原理原則を踏まえて詳細な手順が記載されている。各店舗では入れ替わりの激しいパートやアルバイトの労働力に依存しているため、短期間で効率的かつ効果的な新人教育が求められている。こうした新人教育には大いに効果を発揮しているという。

## 経験的学習のメカニズム

こうした仕事の教え方の原理原則の中で、最も中核的なステップは、部下に仕事をアサインして実際にやらせて経験的に学習させることである。先にも触れたが、ビジネスパーソンの学習へのインパクトは、経験的学習が７０％を占めている。

では、そもそも人間に限らず動物でも、なぜ経験を通して学習することができるのであろうか。経験的学習には、どのようなメカニズムが存在するのであろうか。そして、同じような経験をしたとしても、そこからより多くのことを学習するためには、どうすべきなのであろうか。

経験的学習のメカニズムを概念的にモデル化したのは、デービット・コルブである。彼の概念モデルによれば、人間が特定の経験を通して学習するメカニズムは、４つのフェーズに分けて説明することができる(24)（**図2-7**）。

### （1）「**具体的体験**」

まず、何らかの経験的な出来事を認識しなければ学習は生じ得ない。現実に起きた出来事を直感的に察知して、それをあるがままに把握することが不可欠である。

一般的に、定型的でルーティンな仕事などで本人にとって当たり前の出来事は、無意識に行われることも少なくないため、経験的学習の対象とはなり難い。むしろ、

## 図 2-7　経験的学習のメカニズム

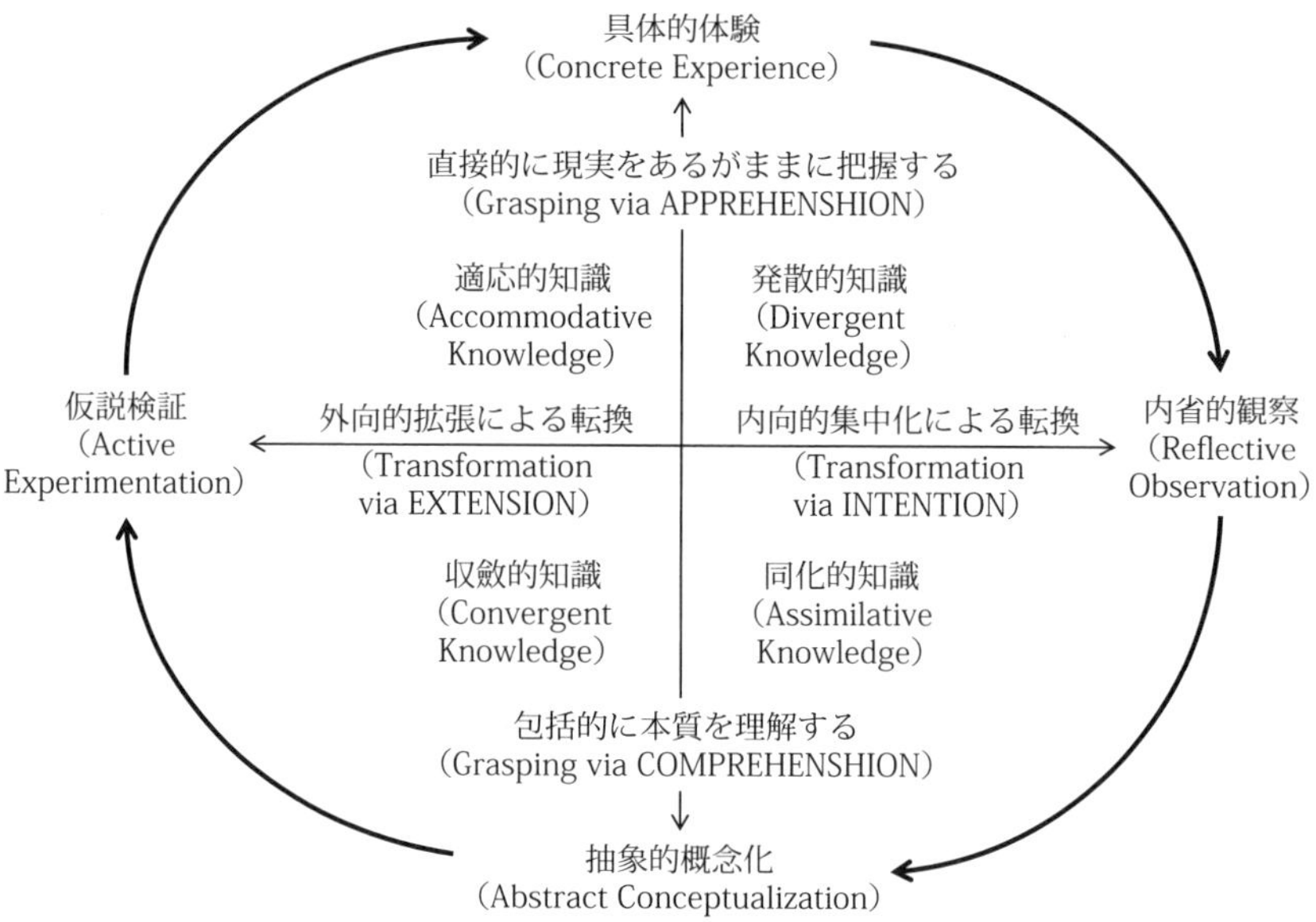


出所）Kolb, D. A. (1984) *Experiential Learning*, Prentice-Hall, p.42

本人にとって想定外の予期せぬ出来事の方が、意識的に現実を認識し、鮮明に記憶に留まる確率が高くなる。たとえば予期せぬ仕事上のトラブルなどは、絶好の経験的学習の機会となるはずである。

### （2）「**内省的観察**」

次に、具体的な出来事を認識すると、なぜこうした出来事が生じたのかを自問自答して内省することである。予期せぬ出来事を招いてしまったことを後悔し、反省することも少なくない。

この時点では、過去の経験を振り返りながら、「似たような出来事はなかったか」、「どうしてこのようなことが生じたのか」などと内省しはじめる。すなわち、過去の経験などを踏まえて、新たに生じた出来事の原因や因果関係を、自分の頭の中で様々な視点から探索しはじめるフェーズである。時には、寝ても覚めても四六時中考え続けることもある。

### （3）「**抽象的概念化**」

そして、いよいよ頭の中で、その出来事が生じた原因や因果関係などの決定的な仮説などがひらめいて、その出来事の本質を洞察する知見を得ることができる段階のフェーズに達する。

この時点では、具体的な出来事の事象や現象を、抽象的な言葉や記号に置き換えて合理的に説明することができるようになる。古代ギリシャの数学者アルキメデスの「エウレカ！」と叫ぶ瞬間のような状況である。

**（4）「仮説検証」**

最後は、頭の中でひらめいた仮説を検証して確証させることである。

新たに得られた仮説を実際の行動に反映させるなどの実験をしてみて、それまで上手くできなかったことができるようになることを確認することによって、その仮説を確証する段階のステップに至る。

人間は、新たな出来事に遭遇するたびに、こうした4つのフェーズによるサイクルを回し続けることによって、経験を通して学習することができると考えられている。もちろん、日常的な生活の中でこうしたサイクルを意識的に頭の中で回しているわけではないが、無意識的にこうしたメカニズムが機能していると考えることができる。

### ◆サイクルの偏りを補うために

一般的に、人間は、このような経験的学習のメカニズムのサイクルに偏りが生じている。すなわち、人によって経験的学習スタイルが異なると考えられている。たとえば、マーケティング部長や経営者などは、経験的な出来事から直感的に判断したり行動したりすることが多く、具体的体験や仮説検証のフェーズが強化されて、内省的観察や抽象的概念化のフェーズが相対的に弱くなる傾向が見られる。逆に、研究開発者などは、内省的観察や抽象的概念化のフェーズが強化されるが、具体的体験や仮説検証のフェーズが相対的に弱くなる傾向などが見られるという。

こうした個々人の経験的学習スタイルにしたがって、経験的学習を高めるための具体的なアドバイスや指導ができる。たとえば、先ほどの例について、前者に対しては、予期せぬ出来事などが生じた際に、過去の経験などを踏まえながら、深く内省を促したり、因果関係や原因をじっくりと省察させたりすることが有効である。また、後者に対しては、自分の頭の中でばかり考えすぎないように、具体的に仮説を行動に反映させて実践させたり、時には直感的に物事を把握させたりすることも有効であろう。

いずれにしても、経験的学習のメカニズムを理解し、自分自身や部下の経験的学習スタイルを認識することによって、予期せぬ出来事などの経験からより多くのことを学習することができ、指導者はより適切なアドバイスや指導ができるようになるであろう。

## 経験的学習を促進するための「ソクラテスの問答法」と「なぜを5回繰り返す」

経験的学習を促進させるためには、上司や先輩などの指導者によるコーチングが最も効果的である。

実際に、省察による経験的学習の促進実験の結果、コーチによる1時間程度の「（もしくは1人でも）困難な経験の省察」が、その出来事からの学習を大幅に促進させた。こうした経験的学習を促進させるための方法は、「ソクラテスの問答法」などと呼ばれている。[25] 古代ギリシャの哲学者であるソクラテスは、弟子のプラトンなどとの対話での問答によって、哲学的な考察を深化させたことが知られている。

具体的には、先に述べた経験的学習のサイクルにおける各フェーズに応じて、コーチや自分自身が適切な質問を投げかけることによって省察を促進させることができる。

①最初の具体的体験では、問題を切り分けて「何が（What）、生じたのか」、「何が分かり、どう考え、どのように感じたのか」などを問う。

②次の内省的観察では、問題を分析して「なぜ（Why）、生じたのか」、「何が重要なのか」などを問う。
③そして抽象的概念化では、「どのように（How）、生じたのか」、「この状況は他の問題と何が同じで、どこが異なるのか」などを問う。
④最後に仮説検証では、どうすべきかを考察して「何を（What）、すべきか」、「将来に向けて何が示唆されるのか」などを問う。

こうした省察を促進させることが経験的学習を促進させる有効な手段になるという。

また、トヨタ自動車の製造現場などでは、製造ラインの不具合などの問題を根本的に解決するために「なぜを5回繰り返す」ことが知られている。(26) 製造ラインでの不具合が生じたとき、「なぜ、こうした不具合が生じたのか」と問われる。そして、「理由は○○だからである」という答えに対して、「では、なぜ○○が生じたのか」を問う。こうした「なぜだ」という問いかけや自問自答を5回繰り返すことが求められる。5回もなぜを繰り返すことによって、本質的な問題の解決策にたどり着けるという。

こうした慣行は、現場での予期せぬ不具合などの原因を深く内省させて経験的学習を促進させることに大きく貢献しているのである。

## 職場での上司の関わり方や支援のあり方

これまでに見てきたように、職場でのＯＪＴを担う上司や先輩は、仕事上の職務遂行に必要な様々な知識やスキルを教示するだけでなく、仕事上の経験による学習を促進させたりフィードバックしたりする重要な役割を担っている。では、実際の日本企業の職場では上司や先輩などが具体的にどのように関わり、どのような支援をすることが、学習者の能力向上に有効なのだろうか。

ビジネスパーソンの学習や人材育成に造詣の深い中原淳氏は、職場の中で若手社員や中堅社員の能力向上と、職場の上司や先輩などの他者からの支援内容との相関関係について、日本企業の若手社員と中堅社員を対象にしたアンケート調査によって統計的に明らかにしている。この調査結果によれば、職場の中では上司をはじめとして先輩や同僚、後輩など様々なエージェントが支援をしており、その支援内容は３種類に分けられる。

（１）「業務支援」。部下の仕事の進め方や知識などの業務遂行に関する指導や助言。

（２）「内省支援」。部下の行動に対するフィードバックや振り返りを通して気づかせる。

（3）「精神支援」。部下の心の支えやプライベートな助言やアドバイス。

これらの支援内容の中でも、部下の能力向上に有効な上司の直接的な支援内容は、主に経験的学習を促進させる「内省支援」と情緒的な関わりである「精神支援」であった。また、職場内での成功や失敗の経験談などが活発であればあるほど、本人の能力向上にプラスの影響を与え、さらに職場内の信頼関係（職場の互酬性規範）が高いほどその影響力も大きくなることを統計的に検証している。[27]

つまり、職場での人材育成を担う上司には、適切な仕事をアサインすることはもちろんのこと、その仕事経験に対する内省を促したりフィードバックしたりすると同時に、プライベートも含めて精神的な心の支えとなるような情緒的な支援が求められているのである。

ところで、最近、職場の中では部下と距離を置く上司が増えていると言われている。最近の若者はプライベートを重視する志向が強いため、仕事以外での部下との深い人間関係に躊躇するきらいがあると認識し、上司が部下との仕事上のつきあい以上の深い人間関係を敬遠しているという。

ひと昔前のように、上司の飲み歩きに部下が付き合わされて、一方的に上司の自慢話を聞かされることは今も昔も変わらず嫌がられることは間違いない。しかし、部下のプライベートも含めて真剣にじっくりと本人の話を聞いて、人生の先輩としてアドバイスや助言をしたり、質問やフィードバックによって本人に様々なことを気づかせたりすることは、部下の仕事や生き方に対するスタンスの育成には重要な意味をもつのではないだろうか。

最近の学生を見ていても、バーチャルなネットの世界では多数の人々と繋がってはいるが、少数のリアルな人間関係は希薄になり、対人関係スキルも低下しているように見える。そして、彼（女）らは、精神的に不安定であり、本音でじっくりと話し合えるような深い人間関係を希求しているように思える。大学でのこれまでの学生指導において、夜中まで寝食を共にするゼミ合宿を重ねるたびに学生同士の人間関係が深くなり、彼（女）らが精神的にも安定して成長していく姿を見てきた。

多くの若手社員や中堅社員にとって、身近な人生の先輩でもある上司や先輩による情緒的な心の支えが必要であり、こうした支えによって精神的にも安定して成長できるのではないだろうか。

## 「演繹的アプローチ」から「帰納的アプローチ」へ

### ◆これまでの仕事の教え方の限界

これまでのビジネスにおけるＯＪＴによる仕事の教え方の原理原則は、主に製造業やファストフード業界などでの定型的で反復的な仕事を中心にして普及し進化してきた手順である。今日のビジネスにおいても入社直後の技術系や事務系の若手社員には、こうした定型的な仕事が与えられるケースが多い。しかしながら、若手社員から中堅社員に成長するにしたがって、半定型的もしくは非定型的で不確実な仕事の割合が増えてくる。

そもそも今日のナレッジワーカーの仕事にはマニュアルなど存在しない。新たな仕事が増えるだけでなく、既存の仕事においても次から次に新たな問題解決を迫られることが多い。こうした仕事に関する教え方の方法には、これまでとは全く異なるアプローチが要求されている。

今日、定型的な仕事に対する伝統的なＯＪＴは、「演繹的アプローチ」にカテゴライズされる。他方、非定型的で不確実な仕事の職場教育に適合するＯＪＴは、「帰納的アプローチ」にカテゴライズされる。今日の若手社員や中堅社員が担う仕事の職場教育として、帰納的アプローチが注目されているのである(28)（**図2-8**）。

## ◆これまでの「演繹的アプローチ」

これまでの伝統的な演繹的アプローチでは、あらかじめ要求される仕事内容が構造化されている仕事（クローズド・タスク）が前提だった。業務遂行に必要な知識

**図 2-8　演繹的アプローチと帰納的アプローチの違い**

| | 演繹的アプローチ | 帰納的アプローチ |
|---|---|---|
| 教育の目的と対象 | クローズド・スキル（技術的スキル）／クローズド・タスク（構造化された業務） | オープン・スキル（高度な認知的スキル）／オープン・タスク（非構造的な業務 ex. 問題解決、批判的思考など） |
| 教育の所要時間 | 限られた時間 | ゆとりある時間 |
| 教育される側の特性 | 高度な認知スキルや専門的スキルは、教育内容や教育活動にネガティブな影響を与える可能性あり | 帰納的アプローチにおける認知的能力の低さや経験不足は、帰納的な学習過程への取り組み能力を減退させる可能性あり |
| 教育者の要件 | 技術的な知識やスキルと経験 | ファシリテーション・スキル<br>※相手の問題解決の過程における認知的、メタ認知的、手続き的な指導 |

出所）Lohman, M. C. (2001) "Deductive and Inductive on-the-job Training Strategies" *Advances in Developing Human Resources*, Vol.3, No.4, November 2001, pp.435-441 より一部加筆

やスキルが明確に定義され、短期間で体得することが要求される仕事が中心である。事前に決められた仕事の手順などが明示されたマニュアルなどに基づいて、学習者が実際の仕事に応用することによって、それらの手順を体得できるように教え込む教育である。

したがって、学習者には、高度な認知的スキルなどは求められず、それらはむしろ学習を阻害する可能性もある。また、指導者には、その仕事に関して十分な技術的な知識やスキル（クローズド・スキル）や経験的知識が求められる。したがって、演繹的アプローチの指導者は、その仕事に精通した熟練者であることが前提条件となる。

### ◆これからの「帰納的アプローチ」

他方、新たに注目されている帰納的アプローチは、問題解決や創造的な課題解決などのように、事前に仕事内容を構造化したりマニュアル化したりすることができない仕事（オープン・タスク）に適応的である。あらかじめ必要な知識やスキルなどを詳細に定義することが難しく、高度な認知的スキルが求められるケースで

ある。この場合、学習者が様々な試行錯誤を繰り返しながら、主体的に最適な手順を発見したり答えを見つけ出したりすることが求められる。したがって、こうしたアプローチでの教育には長い時間が必要になる。

あらかじめ手順や進め方が規定されていないオープン・タスクでは、学習者には、様々な個別の事実から特定の因果関係などを抽出する帰納的な学習能力や高度な認知的スキル（オープン・スキル）などが求められる。そして、指導者は、事前に最適な仕事の手順や答えを完璧に理解し認知している必要はない。むしろ、学習者の問題解決などを促進させて支援させるようなファシリテーション・スキルなどが求められる。具体的には、指導者の様々な経験を踏まえてメタ認知的なヒントを提示したり、新たな視点から物事を考えさせたり、質問や対話などを通して考察を促進させることである。

## ◆上司に必要なファシリテーション・スキルとコーチング・スキル

今日の中堅社員などの仕事の大半は、半定型的もしくは非定型的で不確実なものである。また、ＩＴ業界などでは、技術革新のテンポが速く、上司にとっては未知の技術的知識やスキルを伴う仕事を部下に任せることも少なくない。その結果、上司よりも部下の方が新たな知識やスキルに精通していることは珍しくない。

それゆえに、今日のベテラン中堅社員などを対象とするＯＪＴには、伝統的な演繹的アプローチよりも、新たな帰納的アプローチの方がよりフィットすると考えられている。その場合、部下の特定の仕事に関して、必ずしも上司の方が精通し、部下に教えるべきことをあらかじめ知り尽くしている必要はない。むしろ､上司には、ファシリテーション・スキルやコーチング・スキルなどが求められている。

最近の民間企業の管理者研修などでは、多くの時間がコーチング研修などに割かれているが、こうした背景が理由の一つでもある。

## 「状況適応的人材育成」(Situational Human Resource Development)

### ◆部下の成熟度によるアプローチの使い分け

一般的に、入社直後の若手社員とベテランの中堅社員とでは、担当する仕事の質が大きく異なる。なぜならば、仕事に対する能力や態度などの成熟度が異なるからである。そして、職場でのＯＪＴを担う上司や先輩などの指導者は、仕事の内容や部下の成熟度にしたがって、伝統的な演繹的アプローチと帰納的アプローチを使い分けることが求められる。

## ◆SL（Situational Leadership）理論

ところで、こうした知見と似たようなリーダーシップのモデルがある。部下の成熟度の状況にしたがって、上司のリーダーシップのスタイルを変化させることによって、部下のパフォーマンスを効果的に高める概念モデルである。Ｐ・ハーシーとＫ・Ｈ・ブランチャードによって科学的に実証された「ＳＬ（Situational Leadership）理論」（状況適応的リーダーシップ理論）は、ビジネスの世界にも広く普及している優れたリーダーシップ論である。[29]

このＳＬ理論でも、部下の成熟度にしたがって上司のリーダーシップのスタイルが変化することになるが、その際に要求される行動スタイルやスキルは、演繹的アプローチと帰納的アプローチに要求される行動スタイルやスキルと整合的である。

ＳＬ理論では、部下の成熟度の状況を「業務遂行能力」と「業務遂行意欲」という２つの指標の組み合わせによって段階的にＭ１からＭ４にモデル的に区分される（ＭとはMaturityの頭文字）。そして、リーダーシップの行動スタイルは、こうした部下の成熟度にしたがって、一方的に細かく指図する「指示的スタイル」と、部下と一緒に伴走しながら課題解決などの業務を協同して遂行する「協同的スタイル」とを組み合わせて決定される。

実は、ここでの指示的な行動スタイルは、あらかじめ決まったルールや方法などを教示する演繹的なアプローチと整合する。また、協同的な行動スタイルは、本人の主体性や積極的なコミットメントを引き出すための質問やフィードバックによるファシリテーションやコーチングが求められ、帰納的なアプローチに整合する。

### ◆部下の成熟度とリーダーシップスタイルの関係

入社直後の部下は、担当業務に関する知識やスキルがほとんどなく、「業務遂行能力」と「業務遂行意欲」が共に低い成熟度M１の段階から始まる。こうした部下に適応的な上司の行動スタイルは、部下に相談したりすることはほとんどなく、一方的に細かく仕事の指示を与える「教示的」なスタイルとなる。

そして部下の成熟度が次第に高まり、担当業務に慣れてやる気がでてきても遂行能力が不十分な状況にある部下の成熟度は、M２に位置づけられる。その際の上司の行動スタイルは、一方的に指示したりする部分を弱め、相談しながら一緒に課題解決するなどの協同的に関わる部分を強めて「説得的」なスタイルになる。

さらに部下の成熟度が高まり、主に定型的な仕事を十分に熟知して業務遂行能力も高いが、それゆえにマンネリ感などで意欲が減退している段階にある部下の成熟度は、M３に位置づけられる。その際に、上司の行動スタイルは、一方的な細かい指示をますます減らし、部下の主体性を尊重し協同して課題解決を図ることなどを

図 2-9　ハーシー=ブランチャードのSL（Situational Leadership）理論（1969）

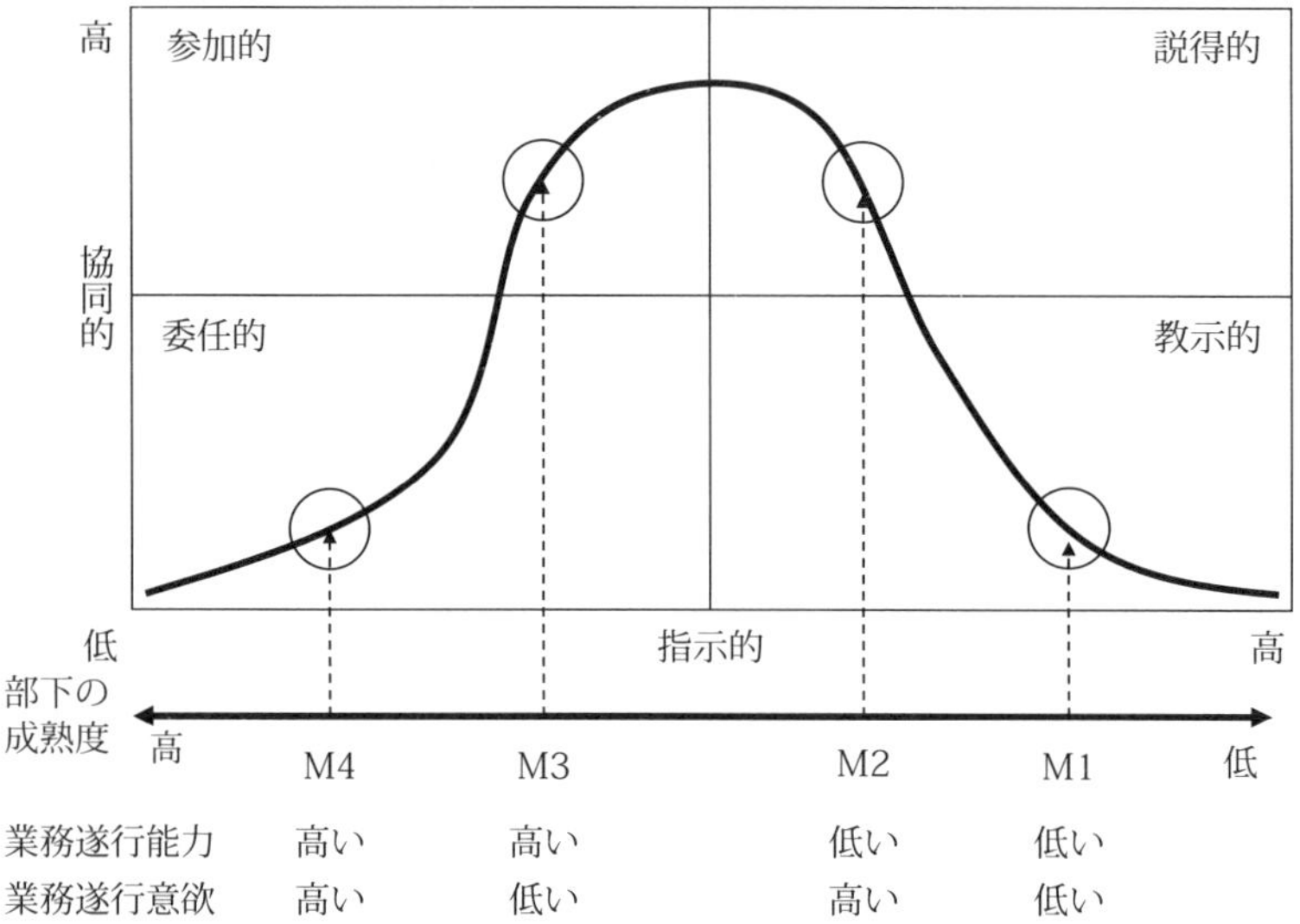


出所）Hersey, P and Blanchard, K. H. (1969) ***Management of organizational behavior***, Prentice-Hall（山本成二、水野基、成田攻訳『行動科学の展開』生産性出版、1978年）邦訳、p.232を加筆修正

強めて「参加的」なスタイルとなる。

最後に、難易度の高い担当業務を任されて、業務遂行意欲が高く業務遂行能力も十分な段階にあるベテランクラスの部下の成熟度は、M４に位置づけられる。その際に、上司の行動スタイルは、一方的な指示や相談して協同したりすることもさらに減らして、思い切って部下に仕事を任せる「委任的」なスタイルとなる。

このようにSL理論では、部下の成長プロセスに呼応する成熟度の状況にしたがって、適応的な上司の行動スタイルは、指示的な要素と協同的な要素を組み合わせて、①「教示的」、②「説得的」、③「参加的」、④「委任的」へと変化する。その変化のプロセスを図式化すると、釣り鐘のような形が描かれることが特徴的である（**図2-9**）。

**図2-10　4つのOJTスタイルの変遷**

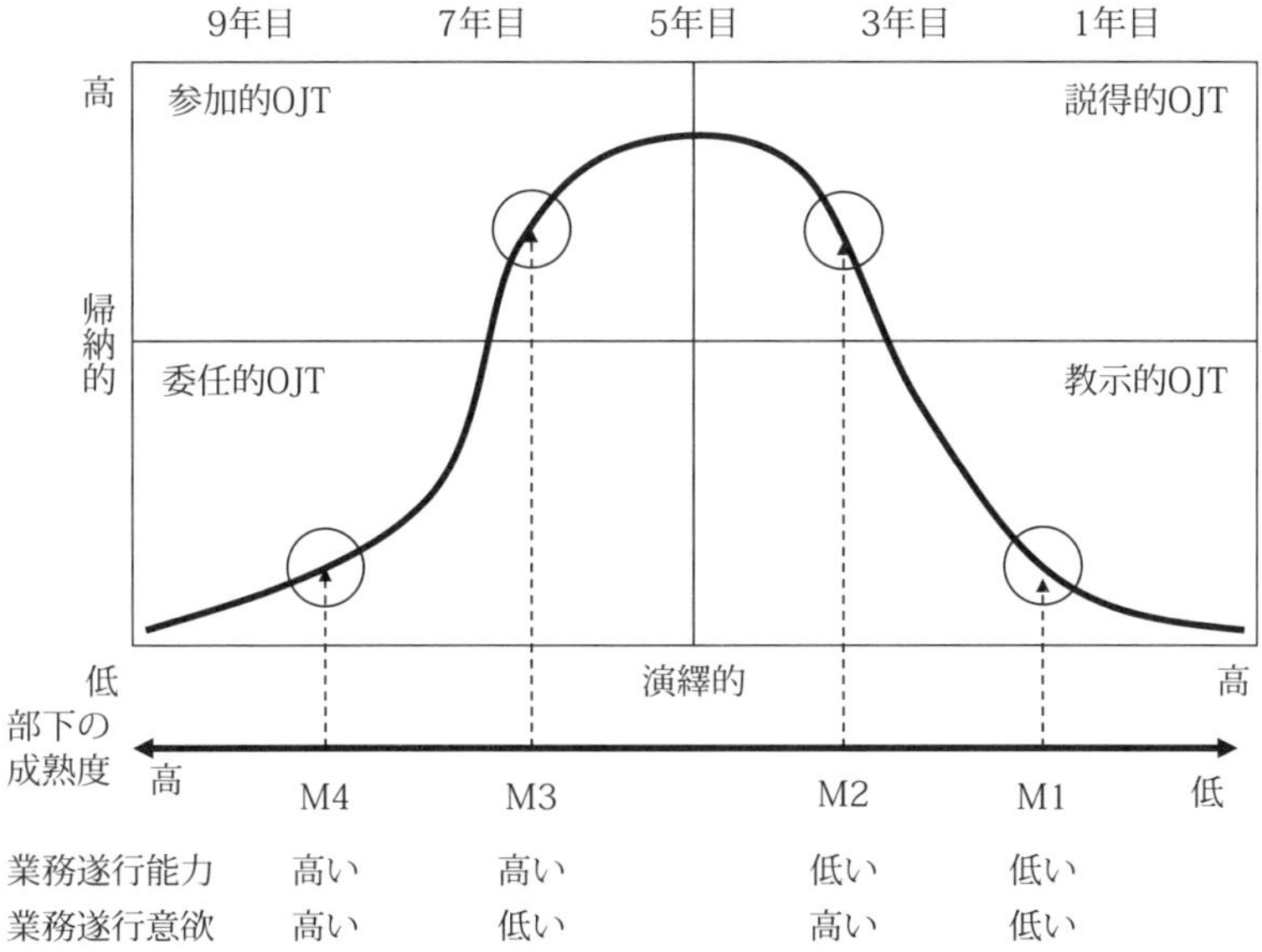


出所）Hersey, P and Blanchard, K. H. (1969) ***Management of organizational behavior***, Prentice-Hall（山本成二、水野基、成田攻訳『行動科学の展開』生産性出版、1978年）邦訳、p.232を参考にして独自に作成

## ◆部下の成熟度に応じた4つのOJTスタイル

さて、SL理論での上司の行動スタイルが、部下の成長プロセスに呼応する成熟度にしたがって、「指示的」と「協同的」の組み合わせによって決定するように、上司のOJTも「演繹的」と「帰納的」の組み合わせによって決定すると考えられる。

つまり、職場でのOJTを担う上司の行動スタイルは、部下の成長に伴う成熟度の状況にしたがって、演繹的な要素と帰納的な要素を組み合わせて、①「教示的OJT」、②「説得的OJT」、③「参加的OJT」、④「委任的OJT」という4つのOJTスタイルに変遷すると考えられる（**図2-10**）。部下の成長プロセスにしたがって、こうしたOJTのスタイルを変化させることによって、部下のパフォーマンスを高めると同時に、彼（女）らを効果的に教育することができるのである。

そもそも、管理者としての上司によるマネジメントの要諦は、部下のパフォーマンスを最大限に発揮させることによって組織的な成果を創出することに他ならない。(30) そのためのリーダーシップ行動が、職場での部下の人材育成と表裏一体の関係にあることは偶然ではない。上司が部下のパフォーマンスを最大限に発揮させることができれば、部下が組織的な成果に貢献すると同時に、成功体験や好評価を経験することによって自信を深めて成長意欲を喚起する可能性が高くなる。

したがって、職場でのＯＪＴを担う上司や先輩は、部下の成長プロセスにしたがって、柔軟にＯＪＴのスタイルを変化させることが求められているのである。

筆者は、こうした部下の成長プロセスに応じたＯＪＴによる人材育成を「状況適応的人材育成」(Situational Human Resource Development) と呼ぶことにしている。

# 第3章

# これからの職場教育のための仕組みづくり

## 徒弟教育と学校教育のハイブリッド化

伝統的な職場教育としてのＯＪＴを中心とする人材育成は、徒弟教育を起源としている。しかしながら、今日の若手社員や中堅社員の仕事は、要求される知識が膨大に増加し、スキルのレベルなども高度で複雑化しているため、従来からの徒弟教育の仕組みだけでは機能しなくなっている。

とりわけこれからの若手社員の職場教育に関して、着実に様々な知識やスキルおよび態度を習得するために、学校教育の仕組みを部分的に取り込むことが必要であろう。すなわち、学校教育では一般的になっているインストラクショナル・デザインを踏まえた「ナビゲーション型教育」である。

入社直後の新入社員などを職場で教育するためには、当初は定型的な仕事が大半を占めているため、演繹的なＯＪＴによる伝統的な仕事の教え方が効果的である。そして、ある程度、仕事に習熟して成熟度が高まり、半定型的もしくは非定型的で

図 3-1　徒弟制度と学校教育のハイブリッド化

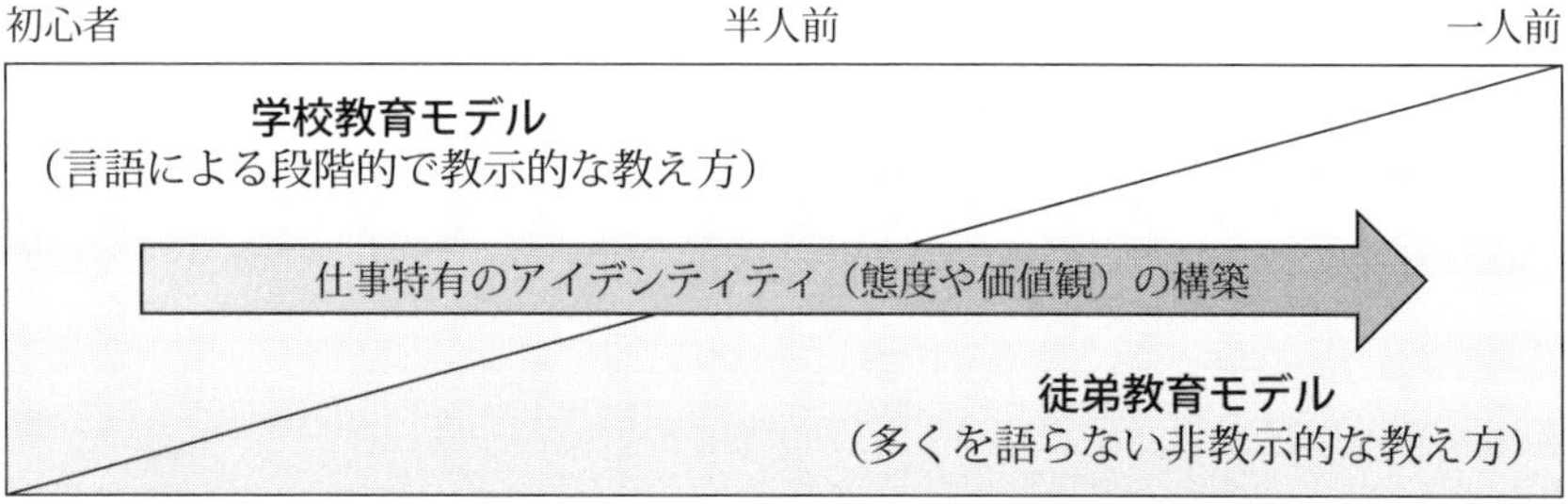


不確実な仕事が中心となった際には、帰納的なＯＪＴに切り替えることが肝要である。

したがって、今日の若手社員や中堅社員の職場教育は、伝統的な徒弟教育と近代からの学校教育を融合させたハイブリッド方式が望ましい（**図3-1**）。入社直後の若手社員であれば、学校教育の延長線に近いナビゲーション型教育には馴染みやすく、演繹的なＯＪＴによって業務遂行に必要な多様な知識やスキルを確実に習得するための教育効果を期待することができる。そして、成長するにしたがって、不確実な仕事が大半を占める中堅社員には、経験的学習と対話によるフィードバックなどが中心となる帰納的なＯＪＴによる徒弟教育が適応的である。

いずれにしても、徒弟教育と学校教育にはそれぞれメリットとデメリットがある。こうした職場教育の仕組みをすべての職場に普及させるためには、人事教育スタッフだけでなく現場の管理者がそれらの特質を十分に理解することが求められる。そのためには、職場での人材育成を担う上司や先輩などの指導者の再教育が必要である。これからの管理者研修などのプログラムに組み込まれることが期待される。

## 若手社員の職場での人材育成の仕組みの見える化

### ◆ナビゲーション型教育を定着させるために

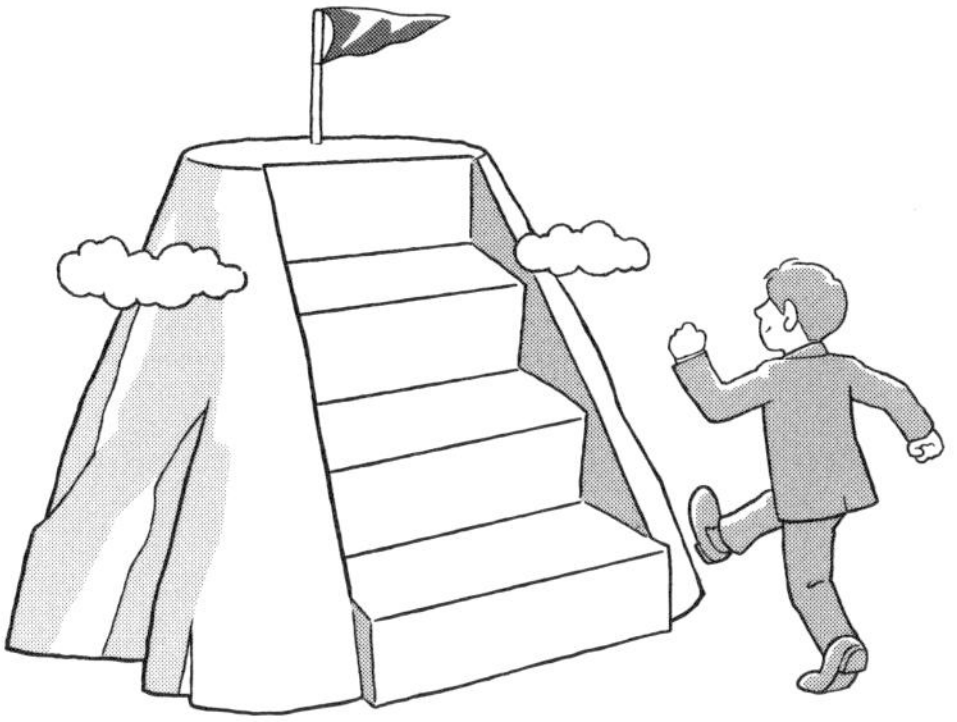

では、入社1年目から5年目程度までの若手社員のナビゲーション型教育を職場に普及し定着させるためには、組織的にどのような仕掛けや仕組みが必要なのであろうか。

実際には、人事スタッフと特定の職能組織の現場スタッフが協力して、職場での中長期的な職能教育を段階的に「見える化」することである。行動プロセス評価のコンピテンシー・モデルのように、特定の職能に関する段階的な学習到達目標とそれぞれの段階に要求される学習成分を標準化して明らかにしておくことである。

具体的には、特定の職能組織において、業務遂行に必要な学習成分要素（知識やスキルおよび態度）を洗い出し、あらかじめ到達すべき学習目標のレベルを3～4段階のグレードに分けて設定しておくことが必要である。新人にとって最初から5年目頃の高度な学習到達レベルを要求されてもすぐには習得できないし、3年目の到達すべき学習目標は新人よりもハイレベルになるはずである。学習者が段階的に学習到達目標のグレードをクリアできるように配慮することが重要である。

## ◆学習目標管理の導入を

こうした段階的な学習要件が明らかになれば、ナビゲーション型教育を公式的に制度化して「学習目標管理」を導入することができる。すでに、一般的な業務遂行に関する目標管理制度が日本企業に定着しているが、入社直後の若手社員に対しては、むしろこうした学習目標管理の方が有効である。現実的には、仕事の成果を創出するための一般的な目標管理と職場での職能教育を中心とする人材育成のための学習目標管理を並行して運用することになるであろう。

こうした学習目標管理の仕組みを各職場に導入することによって、業務遂行に必要な高度な知識やスキルなどを確実に習得させて職務遂行の精度を向上させることができる。従来までの成り行き任せのＯＪＴでは、学習し教育すべき内容が曖昧なままに、教える側と教わる側の個人差によるばらつきが頻繁に生じてしまうが、標準化して見える化することによってこうしたばらつきを減少させて全体の底上げを図ることが可能となる。

## ◆学習目標管理の導入事例

実際に、エンジニアリング会社の設計技術者の人材育成に活用した事例を紹介しよう。この会社の某事業部では受注から納品までの設計施工期間の仕掛損が数千万円に達していた。そのため事業部門の収益に多大な影響を及ぼしていたこの仕掛損を一掃することが喫緊の課題であった。

社内でこの巨額な仕掛損の要因を詳しく調査した結果、その半分近くが若手の設計技術者の知識やスキルなどの不足に関係する人材育成に問題があることが明らかになった。そこで、彼らの職場での職能教育の仕組みを根本的に見直して再構築することになった。

### ◆人材育成再構築プロジェクトの活動

社内の設計技術に精通したベテラン技術者十数名を選抜して、職能専門教育再構築プロジェクトチームを編成した。このプロジェクトの目的は、新卒で入社5年目までの「若年層を中心とする非熟練者を対象とした現場中心の人材育成体系を再構築し、業務遂行能力のばらつきを防止し、製品・サービスの質を高めてパフォーマンスを向上させる」ことである。具体的には、新人などの若手の未熟練者や半熟練者を対象とする「学習指導要領」を作成して、各職場での職能専門教育における5W1Hを明らかに（見える化）することである。

プロジェクトの活動期間は、約3か月間で6回のミーティングを中心にプログラムが設計された（**図3-2**）。各プロジェクトメンバーには、ミーティングごとに次回までの課題シートが与えられ、そのシート内容を持ち寄ってミーティングが実施される。毎回、その内容を事務局スタッフが整理して次回のミーティングの冒頭で検証し、新たなテーマを検討することを繰り返した。

図 3-2　人材育成再構築プロジェクトの活動事例

| No. | テーマ | ねらい | 時間配分 | 活動形態 | 内容項目 |
|---|---|---|---|---|---|
| 1 | Why：なぜ、職能専門教育を見直すのか | 人間の学習と人材育成の要件を理解し、現状の人材育成に関する問題点と課題を整理し共有する | 13:30～14:10 | オリエンテーション | インストラクショナル・デザインの考え方 |
| | | | 14:20～15:00 | 講義 | 今日の人材育成の課題 |
| | | | 15:10～17:00 | グループ・ワーク | 現状の問題点と課題を整理する |
| 2 | What：ベテランの仕事のコツ（流儀）とは何か | 業務内容の特性を分析し、ベテランの業務遂行に必要なコツとその理由を洗い出す | 13:30～14:10 | 講義 | 業務内容の分析 |
| | | | 14:10～17:00 | グループ・ワーク | 業務内容を分析する |
| 3 | What：何を学習すべきか | 業務遂行に要求される学習成分と学習方法を洗い出す | 13:30～14:10 | 講義 | 学習成分の分析と学習方法 |
| | | | 14:10～17:00 | グループ・ワーク | 学習成分を分析し、学習方法を洗い出す |
| 4 | When & Who：いつまでに誰にどうなってほしいのか | 学習者の段階的な到達目標と求められる人材像を定義する | 13:30～14:10 | 講義 | 熟達段階と求められる人材像 |
| | | | 14:10～17:00 | グループ・ワーク | 学習者のグレード分類とチェック基準の策定 |
| 5 | How：どのように教えるのか | OJT における教え方（指導方法）を標準化し、指導マニュアルを作成する | 13:30～14:10 | 講義 | 学習メカニズムと仕事の教え方 |
| | | | 14:10～17:00 | グループ・ワーク | 教え方の標準化と指導マニュアルの作成 |
| 6 | Where & What：どこで何を教育すべきか | OJT と Off-JT を組み合わせた教育体系・制度を再構築する | 13:30～14:10 | 講義 | 教育計画と学習目標管理制度 |
| | | | 14:10～17:00 | グループ・ワーク | 全社的な教育計画と（個人別）学習目標管理制度の策定 |

こうしたプロジェクト活動の成果として、各職場ではグレード別の学習目標管理の仕組みが導入された。また、職場での教育を担当する上司や先輩には学習指導マニュアルが配布されてＯＪＴの質の向上を図ることができた。さらに、新入社員教育のプログラムも抜本的に見直された。こうした教育改革の結果、わずか数年間で仕掛損を半減させることができたのである。

# 第Ⅱ部
# 若手社員が一人前に成長するまでの学習と成長のメカニズムを探る

今日の日本企業において、若手社員はどのようにして一人前の中堅社員に成長していくのであろうか。彼（女）らの仕事内容はどのように変化し、それぞれのステージでは何を学習しながら、どのような知識やスキルに精通していくのであろうか。

第Ⅱ部では、今日の日本企業において、入社直後の若手社員が、様々な仕事経験や人との出会いやワークライフ上の出来事などを通して、何を学びながら一人前の中堅社員に成長していくのかを明らかにする。そして、一人前の中堅社員に成長した際に、パフォーマンスの相違をもたらす要因を探索し、成長プロセスの一般的なモデルを提示する。

# 第4章

# これまでに明らかにされてきた若手社員の成長を左右する要因とは何か

## 米国企業における入社後の昇進の可能性を左右する要因

### ◆米国ＡＴ＆Ｔの事例

２０世紀半ばから後半の米国で、入社後のパフォーマンスの個人差の要因を特定しようとした興味深い実証研究を紹介しよう。当時の米国の電信電話公社であるＡＴ＆Ｔに入社した大卒者（１９５６年～１９６０年入社）２４７名を対象にして、入社時のアセスメントセンター方式評価（複数の評価者（アセッサー）による集中的な評価）および入社後の職務環境要因と昇進との関係に関する有名な研究である[31]。

まず、入社直後のアセスメント評価で「早く中級管理職に昇進する可能性が高い」と評価された人材群の６４％が実際に昇進していた。他方、昇進可能性が低いと評価された人材群は、その半分の３２％だった。

次に、入社8年目で早く昇進した人材の職務環境要因を調査したところ、統計的に有意な相関関係がみられた要因は、次のような5項目であった。

（1）「重要業務（その反対にルーティンの日常業務）に携わった度合い」
（2）「担当の仕事そのものから受けた刺激とやりがい」
（3）「上司の行動が自己の職務遂行の模範となった程度」
（4）「自己に任された監督責任の量」
（5）「上司の監督・リーダーシップの質的水準」

これらの中で、（1）から（4）までの、「重要業務に携わった度合い」、「担当の仕事そのものから受けた刺激とやりがい」、「上司の行動が自己の職務遂行の模範となった程度」、「自己に任された監督責任の量」を合わせて「ジョブ・チャレンジ」の機会とした。

### ◆分析結果

入社時のアセスメントでの昇進可能性の予想と入社8年後までのジョブ・チャレンジ機会との関係を分析してみたところ、入社時のアセスメント結果（潜在能力）が高いほど、チャレンジャブルな仕事を割り当てられる可能性が高いことが明らかになった。また、ジョブ・チャレンジ経験と昇進との関係を分析したところ、チャレンジャブルな仕事経験が多いほど、昇進が早いことが明らかになったのである。

つまり、当時の米国企業の中で有能な若手社員を育成するためには、高い潜在能力をもつ新人に対して、職務と上司の組み合わせによる高いジョブ・チャレンジの機会を提供することが重要であることが示唆されたのである。本人にとってやりがいのある挑戦的な仕事の機会と有能な上司や先輩からの薫陶が、個々人の成長プロセスにとって有意な影響を与えるということである。

## 日本企業では入社時の上司が将来的な部下の昇進可能性を左右する

### ◆日本の流通小売業の事例

日本でも米国のＡＴ＆Ｔ社での実証研究と似たような実証研究が実施されていた。日本の流通小売業に入社した大卒男子新入社員のキャリア発達を規定する要因は何かを明らかにしようとした著名な研究（１９７２年〜１９８５年）である。[32]

この調査研究では、事前に３つの仮説が立てられていた。

（１）「潜在能力」仮説。潜在能力の高さがキャリア発達水準に大きな影響を与える。

（２）「幻滅」仮説。入社直後の幻滅感がキャリア発達の阻害要因となる。

（3）「垂直的交換関係」仮説。入社初年度の直属上司との垂直的な交換関係を通じて高いレベルの役割期待の交換を経験した新入社員は、そうでなかった者よりも高い水準のキャリア発達をみせる。

## ◆分析結果

これらの仮設を踏まえて、対象者の入社後3年間の観察データから次のような事実が明らかになった。

まず、潜在能力と垂直的交換関係の2要因が組織内キャリア発達過程の重要な独立規定要因であり、2つの要因がともに高水準で結合した場合に最も高い水準となる（どちらかが欠落すると補完はできない）。つまり、新入社員の高い潜在能力が、直属上司との良好な交換関係を通じて開花し、「高い目標と挑戦→直属上司の理解と援助→目標達成、心理的成功経験→成長欲求の強化→より高い目標と挑戦」という「心理的成功サイクル」(33)または「好業績サイクル」が作動したと考えられる。

垂直的交換関係は、本人と直属上司との間の仕事をめぐる期待や行動の交換過程であり、個人的属性や職務環境からは独立した独自の要因である。また、本人のやる気と対人的スキルを通して推進される方がより大きく作用し、職務遂行の原因となることによって組織内キャリア発達の原動力となる。

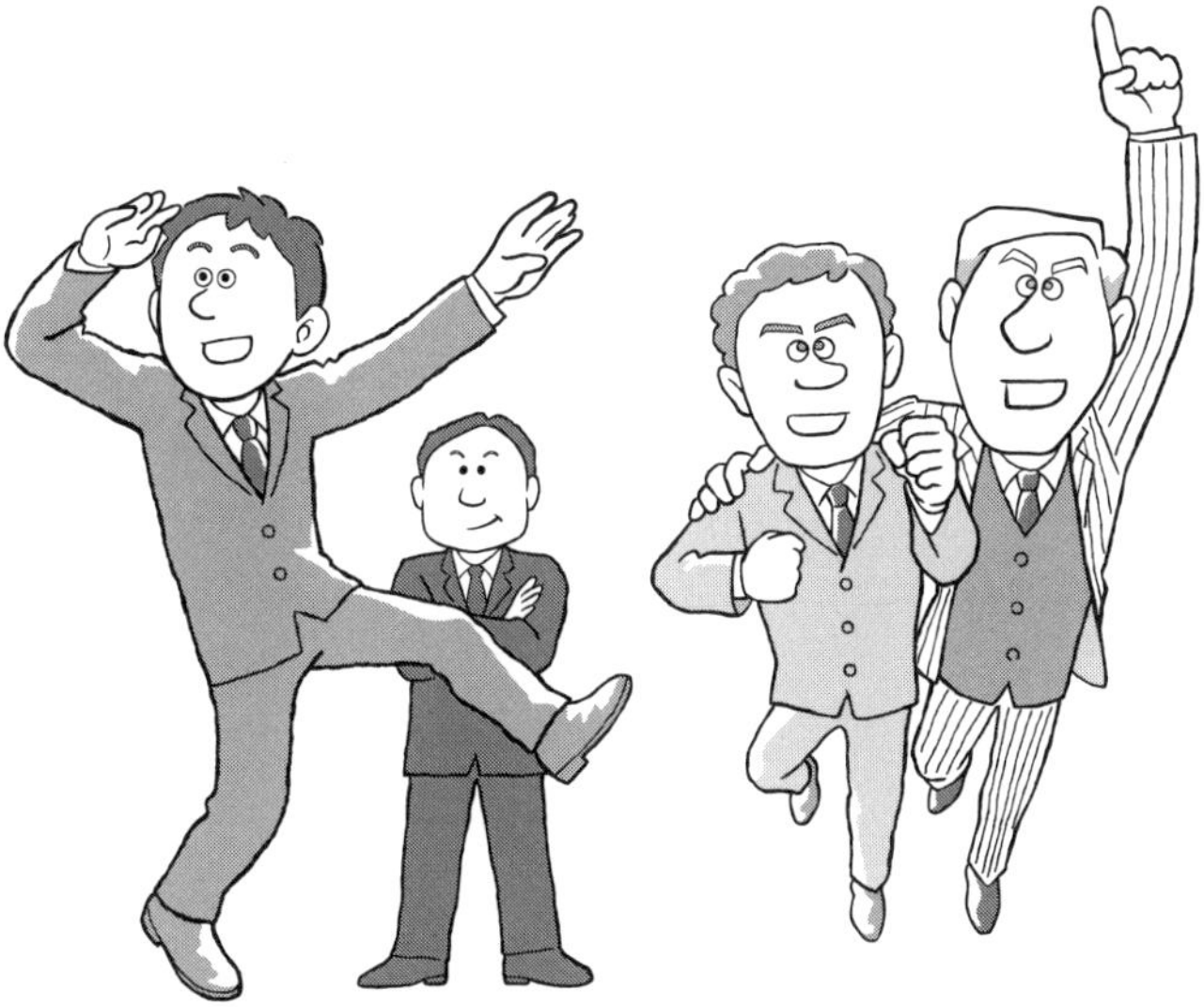

そして、７年後（係長昇格）と１３年後（課長昇格）の観察データ結果を比較してみると、３年後と大きな相違はなかった。ただし、潜在能力の予想力がしだいに弱まり、潜在能力と垂直的交換関係の相乗効果が意味を持ち始め、その相乗効果のあり方は一方の存在が他方の欠落を補完する形に変化した。

つまり、高水準のキャリア発達を実現するには、高い潜在能力だけでは不十分で、入社直後の直属上司との間に良好な垂直的交換関係による広範な役割自由度が保障されることが重要である。そして、高い潜在能力は高い成長への動機づけによる挑戦を繰り返すことによって好業績を導き、再び直属上司との関係を深めるという心理的成功サイクルと好業績サイクルが生じるのである。

２０世紀後半の米国と日本の企業における個々人のキャリア発達に影響を与える要因に関する代表的な実証研究を紹介したが、今日の２１世紀における日本企業のナレッジワーカーと呼ばれる若手社員の成長のメカニズムやプロセスに関して、どのような要因が個人差を生み出しているのであろうか。

そもそも、今日の日本企業の若手社員は、いつ頃、どこで、どのような経験をし、誰から、それぞれ何を学習しながら一人前に成長していくのであろうか。これらの疑問に答えるために、次章からは独自の実証研究の成果を踏まえて述べていくことにしよう。

# 第5章 今日の日本企業の若手社員が一人前に成長するプロセスとメカニズム

## 一般的な日本企業の若手社員の熟達プロセス

これまでの日本企業のホワイトカラーが一人前のベテラン中堅社員に成長するまでの経験的学習による熟達のプロセスについて、認知心理学者の楠見孝氏は、様々な先行研究のレビューを踏まえて、以下のように段階的に整理している。

**(1) 手続き的熟達化の段階**

初心者(novice)段階から入門的指導を受ける(beginner)までは(およそ1年目)、言葉による指導よりも実経験が重要であり、指導者からコーチングを受けながら、仕事の一般手順(スキル)やルールを一通り学習する。

**(2) 定型的熟達化の段階**

初心者が経験を積んで自律的に日々の仕事が実行できる段階(およそ3~4年目)で、仕事についての手続き的な実践知を蓄積し、決まり切った仕事であれば速く、正確に、自動化されたスキルによって実行できる定型的熟達化の段階に至る。

**（3）適応的熟達化の段階**

柔軟な手続き的熟達化によって、状況に応じて規則が適用でき、類推ができるようになる（6～10年目）。仕事に関する手続き的知識を蓄積し構造化することによって、仕事の全体像を把握して、直感的に似たような状況では過去の経験で獲得したスキルを柔軟に活用できる。

**（4）創造的熟達化の段階**

質の高い経験を通して獲得した暗黙知を駆使することによって、高いパフォーマンスを効率よく正確に発揮し、事態の予測や状況の直感的分析と判断が正確で信頼でき、新奇な難しい状況においても創造的な問題解決によって対処できる。(34)

こうした知見を踏まえて、今日の若手社員が入社から約10年で一人前のベテラン中堅社員に成長するまでの期待される仕事上の特性と、そこで求められる知識やスキルなどを、あらかじめ大雑把にイメージすることができる。

まず、入社直後の1年目から2年目にかけて、定型的な仕事の手順やルールを実践的な経験によって学習する若手社員の段階である。そして、2年目頃からは、担当する仕事の手順やルールに精通し、定型的な仕事であれば確実かつ効率的にこなすことができる半人前の中堅社員の段階に至る。さらに、6年目から10年目のベテラン中堅社員となる頃には、半定型的もしくは非定型的で不確実な仕事であっても、それまでの知識やスキルなどのノウハウを柔軟に活用することによって臨機応変に対応することができるようになる。

では、実際に、今日の若手社員や中堅社員は、具体的にどのような仕事を経験しながら、何を学習して一人前のベテラン中堅社員に成長していくのであろうか。

## 「日本企業の若手社員の一人前の研究」に関する調査概要

今日の日本企業の若手社員が一人前になるための成長のプロセスやメカニズムを明らかにするためには、本来であれば、調査対象者を特定して、大学や大学院を卒業後、一人前に成長するまでの9年間、定期的に彼らの学習や成長の状況に関する調査を継続的に実施すべきであろう。しかしながら、こうした調査を実施するためには、多大な労力と時間が要求されるため、あまり現実的ではない。

そこで、大学や大学院を卒業して10年以上経過して一人前として扱われている30歳代半ば頃のベテラン中堅社員を対象にインタビュー調査を実施した。大学や大学院を卒業してからの9年間に、いつ頃どのような仕事経験や人との出会いなどから、何を学習しながら一人前に成長してきたのかをインタビューした。

ただし、彼（女）らの学習と成長に関する日常的な出来事や内容に関する記憶を、網羅的に語ってもらうことは不可能である。そこで、自分自身の成長の節目となった転機に関する重要な出来事（クリティカル・インシデント）を中心に半構造化インタビュー調査を実施した。こうした成長の節目となる転機の内容を分析することによって、彼（女）らの成長のプロセスやメカニズムを垣間見ることにした。

なお、今回のインタビュー対象者の中に中途入社の社員も含まれることから、以前の会社での新卒入社時を1年目とし、社会人としての9年間の出来事をインタビューした。

この調査は、１９９０年代後半の就職氷河期から２００８年のリーマンショック前までに就職した１２６名の日本企業の正社員を対象とした。インタビュー調査期間は、２０１１年から２０１７年の7年間で、業種や職種は様々だが、技術系５６名（４社）、事務系７０名（5社）の正社員が対象である（**図5-1**）。調査対象者の約8割が男性で女性は2割ほどである。技術系の大半は大学院卒で、事務系の大半は大学卒である。また、いずれの会社も従業員数は１０００名を超える大企業であり、９社中8社が上場企業である。

一人当たり約1時間程度の半構造化インタビューの主な内容は、以下の４項目である。

## （1）新卒での入社動機とリアリティ・ショック

**図 5-1 「日本企業の若手社員の一人前の研究」の調査対象**

| | 業種 / 職種 | 社名 | 上場 | 調査時期 | 対象者 | 性別 | | 学歴 | | 入社歴 | |
|---|---|---|---|---|---|---|---|---|---|---|---|
| | | | | | | 男性 | 女性 | 学卒 | 院卒 | 新卒 | 中途 |
| 技術系 | 精密機械製造 / 研究・開発 | A 社 | ○ | 2011 年 1 月 26 日～ 28 日 | 12 | 12 | 0 | 5 | 7 | 7 | 5 |
| 技術系 | 電機製造 / 研究 | B 社 | ○ | 2011 年 7 月 22 日～ 24 日 | 12 | 10 | 2 | 1 | 11 | 12 | 0 |
| 技術系 | 製薬 / 創薬研究・開発研究 | C 社 | ○ | 2012 年 2 月 8 日～ 17 日 | 20 | 15 | 5 | 0 | 20 | 20 | 0 |
| 技術系 | ゴム製品製造 / 研究・開発 | D 社 | ○ | 2013 年 3 月 5 日～ 7 日 | 12 | 9 | 3 | 3 | 9 | 12 | 0 |
| 小　計 | | 4 社 | 4 社 | 2011 年 1 月～ 2013 年 3 月 | 56 | 46 | 10 | 9 | 47 | 51 | 5 |
| 事務系 | 流通小売 / 販売・スタッフ | E 社 | ○ | 2014 年 2 月 14 日～ 19 日 | 12 | 10 | 2 | 12 | 0 | 12 | 0 |
| 事務系 | 製薬 /MR | F 社 | | 2014 年 8 月 18 日～ 22 日 | 16 | 11 | 5 | 16 | 0 | 12 | 4 |
| 事務系 | 金融証券 / スタッフ | G 社 | ○ | 2015 年 2 月 17 日～ 19 日 | 12 | 10 | 2 | 12 | 0 | 12 | 0 |
| 事務系 | 情報メディア / 営業・スタッフ | H 社 | ○ | 2015 年 11 月 25 日～ 12 月 4 日 | 16 | 11 | 5 | 15 | 1 | 16 | 0 |
| 事務系 | 総合商社 / 営業・スタッフ | I 社 | ○ | 2017 年 2 月 23 日～ 3 月 23 日 | 14 | 14 | 0 | 13 | 1 | 11 | 3 |
| 小　計 | | 5 社 | 4 社 | 2014 年 2 月～ 2017 年 3 月 | 70 | 56 | 14 | 68 | 2 | 63 | 7 |
| 合　計 | | 9 社 | 8 社 | 2011 年 1 月～ 2017 年 3 月 | 126 | 102 | 24 | 77 | 49 | 114 | 12 |

（2）今日までの仕事内容の変遷

（3）これまでの職業生活における成長の節目となる転機（クリティカル・インシデント）

①仕事上の経験に関すること。

②職場の先輩や上司などの人との出会いに関すること。

③その他、日常業務を離れた自己啓発やプライベートに関すること。

（4）新卒時点から現在までの成長の軌跡（グラフとして描画を依頼）

分析の方法について、まず、調査対象者のインタビュー内容を録音した音声データをすべてテキスト文書化した。そして、全テキスト文書を質的デー

図5-2　リアリティ・ショック

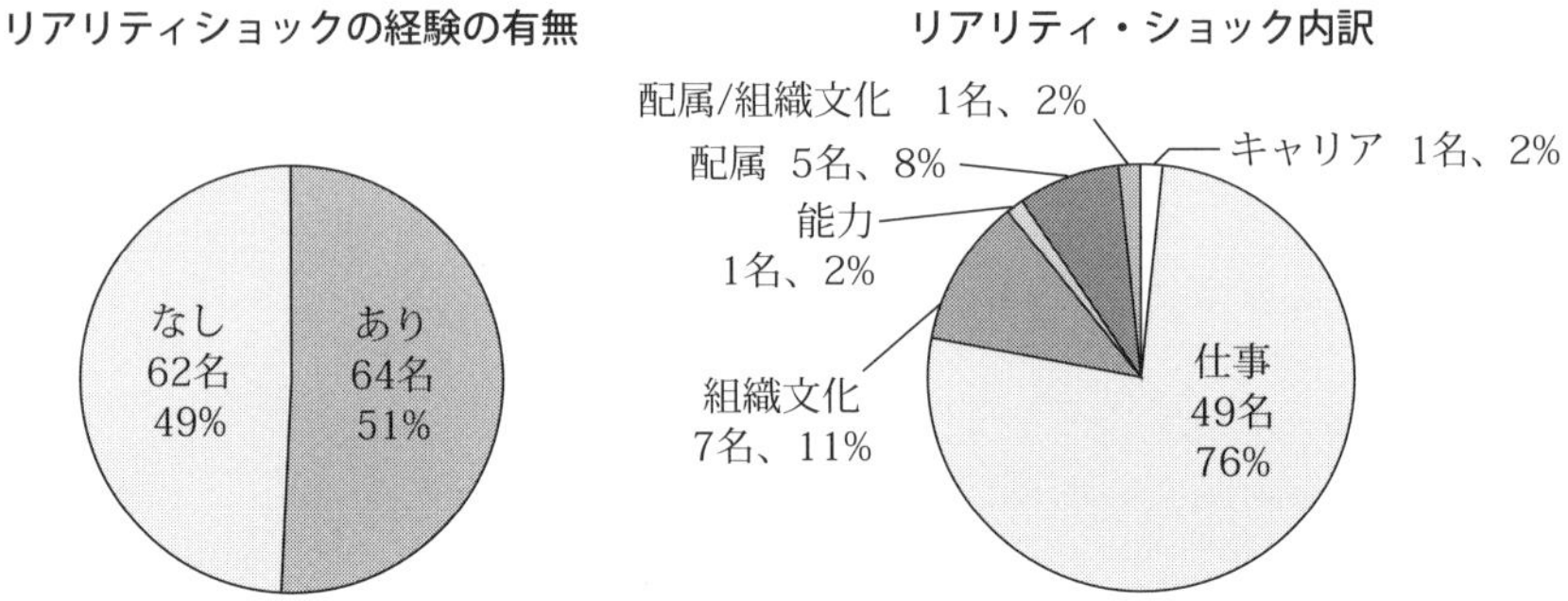


タ分析ツールに取り込み、卒業後の9年間分の内容をコーディングして定量化した。

なお、本章では技術系と事務系に共通する全体的な特徴を取り上げる。そして、技術系職種と事務系職種では、成長の転機や学習内容に多少相違があるため、次章以降でそれぞれ詳しく特徴を取り上げることにする。

## 入社後9年間の成長の節目となる転機のスナップショット

### ◆リアリティ・ショックの経験の有無

まず、調査対象となった126名のうち、入社直後のネガティブなリアリティ・ショックを経験した割合は64名（51％）だった（図5-2）。**約半数近くの対象者が、入社直後に現実の仕事や会社に対して「こんなはずじゃなかった」というネガティブな感情をもっていた。そして、リアリティ・ショックの内訳を見てみると、その大半の49名（76％）が仕事に関するギャップであり、それに続いて組織文化が7名（11％）であった。**

ちなみに、「思っていたほど○○ではなかった」などというポジティブな感情を語っていた対象者がごくわずかながら存在したが、こうした人数は含まれ

図 5-3　成長の節目となる転機（件）

| all：n=126 | | 1年目 | 2年目 | 3年目 | 4年目 | 5年目 | 6年目 | 7年目 | 8年目 | 9年目 | 小計 |
|---|---|---|---|---|---|---|---|---|---|---|---|
| 2.37 | 仕事 | 17 | 33 | 45 | 36 | 38 | 36 | 41 | 27 | 26 | 299 |
| 2.18 | 人 | 49 | 36 | 41 | 31 | 25 | 16 | 37 | 20 | 20 | 275 |
| 0.70 | 他 | 2 | 3 | 10 | 6 | 13 | 19 | 10 | 14 | 11 | 88 |
| 5.25 | 小計 | 68 | 72 | 96 | 73 | 76 | 71 | 88 | 61 | 57 | 662 |
| 人の内訳 | 上司 | 20 | 19 | 23 | 15 | 12 | 8 | 19 | 15 | 9 | 140 |
| | 先輩 | 27 | 12 | 14 | 8 | 9 | 2 | 8 | 3 | 6 | 89 |
| | 同僚 | 0 | 1 | 2 | 2 | 1 | 2 | 4 | 1 | 3 | 16 |
| | 社外 | 2 | 4 | 2 | 6 | 3 | 4 | 6 | 1 | 2 | 30 |

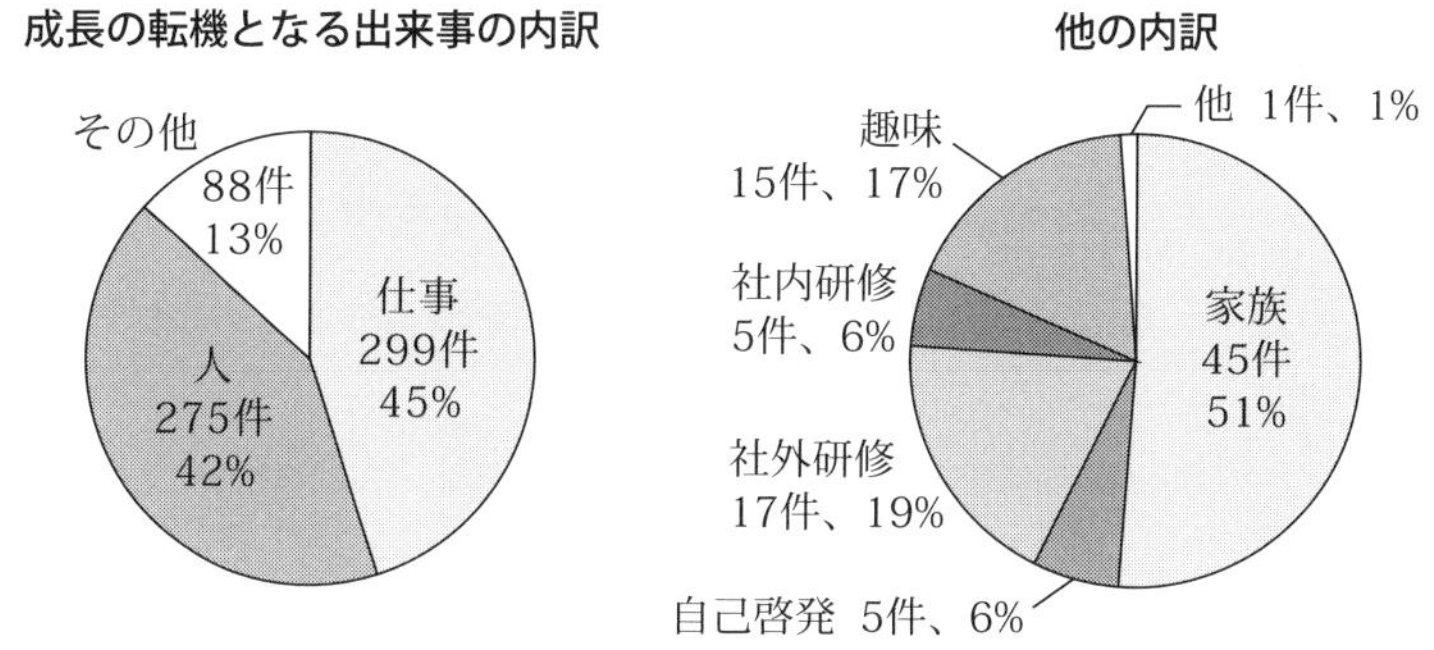


ていない。

## ◆成長の節目となる転機の回数と内訳

新卒入社後の成長の節目となる転機（クリティカル・インシデント）の総数は662件で、一人当たり9年間で5・25回の成長の転機を経験していた。一人当たりのすべての転機の内訳は、仕事上の経験に関する転機が2・37回（299件・45%）、人との出会いに関する転機が2・18回（275件・42%）である。そして、その他が0・70回（88件・13%）だった（図5-3）。

その他の内訳を見てみると、ワークライフ上の結婚や子供の誕生などの家族に関係する出来事が約半数を占めるが、それ以外は日常業務を離れた社内外の集合研修や趣味や自己啓発などの出来事であった。

すなわち、成長の節目となる転機は、人との出会いによる成長の転機よりも、仕事上の経験による成長の転機の方がやや多いが、両者が大半を占めている。

要するに、今回の調査対象となった日本企業の中堅社員は、**大学もしくは大学院を卒業後、2人に1人の割合で入社直後にネガティブなリアリティ・ショックを経験し、9年間のビジネスパーソンとしての職業生活において、成長の節目となる仕事上の経験による転機と人との出会いによる転機を、それぞれ2〜3回は経験し、そのほかにも日常的な職場を離れたワークライフ上の出来事や社内外の研修などによる転機も1回ほど経験している。**

## 入社後9年間の成長の節目となる転機の推移

9年間の成長の転機を年次別に詳しく見てみよう（**図5-4**）。9年間のすべての成長の転機の頻度が顕著に多い時期は、3年目（96件）と7年目（88件）である。

では、成長の転機を種類別に細かく見てみよう。

### ◆仕事上の経験による成長の転機

仕事上の経験による成長の転機の頻度は、3年目（45件）が最多で、次に7年

図 5-4　成長の転機の経年推移

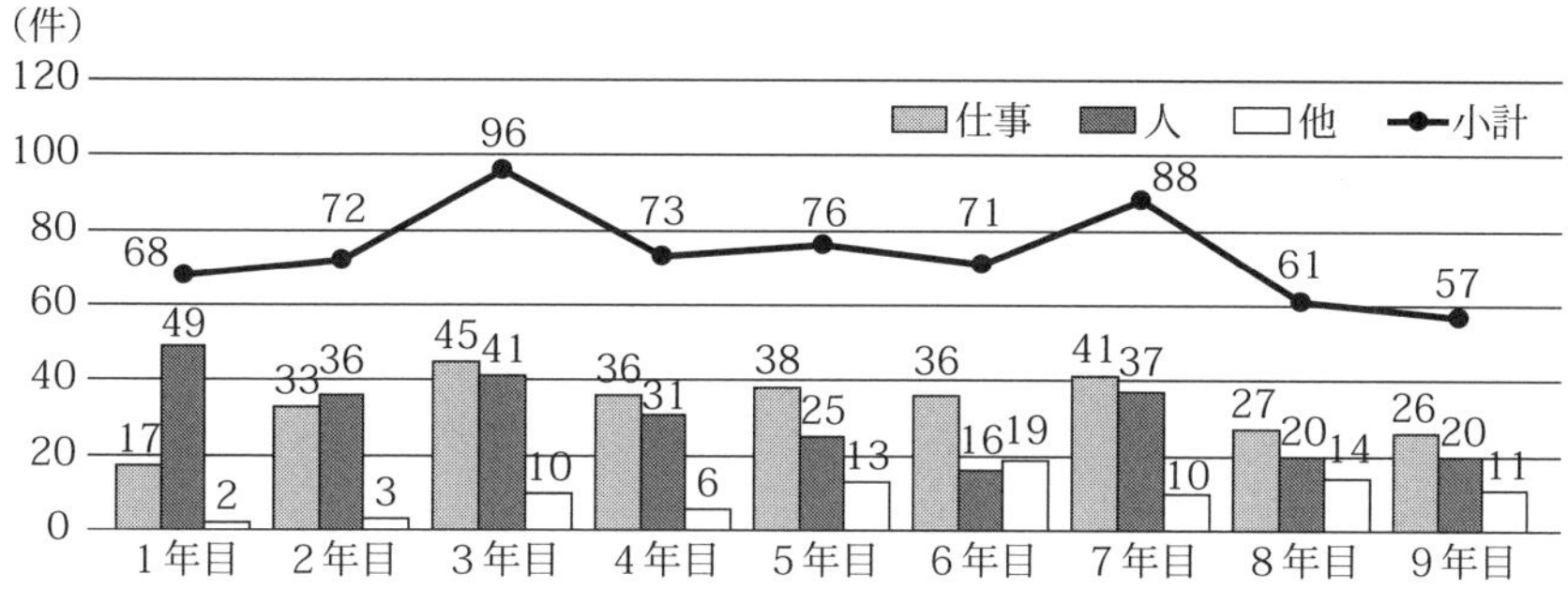


目（41件）が多い。年次別の推移を見ると、1年目から3年目は急激に増加し、3年目から7年目は安定的に多いが、7年目以降は減少する傾向がみられる。

## ◆人との出会いによる成長の転機

人との出会いによる成長の転機の頻度は、1年目（49件）が最多で、次に3年目（41件）が多い。やはり入社直後の1年目は、職場で上司や先輩から刺激的な学習をする頻度が高いと思われる。細かい推移をみると、3年目以降は徐々に減少し、7年目にいったん急増するがその後また減少する。

一般的に、入社直後は、上司や先輩などからの薫陶を受けながら定型的で反復的な仕事をし始める。2年目から3年目にかけて定型的だが不確実な仕事を任され始める時期でもある。その結果、1年目は仕事上の成長の転機の頻度は少ないが、2年目から3年目にかけて仕事上の経験による転機の頻度が徐々に増加すると考えられる。

## ◆その他の成長の転機

その他の成長の転機の頻度は、6年目（19件）が最多だが、入社直後は少なく、3年目以降は逓増して年齢を重ねるにしたがって比較的頻度が多くなる傾向がみられる。入社6年目頃は、技術系は大学院卒が多いので新卒入社から

6年目頃には30歳前後に達しているが、事務系の大卒であれば28歳頃になる。一般的に、20歳代後半から30歳前後にかけてワークライフ上の出来事として結婚や子育てなどの出来事が増えるだけでなく、自己啓発や集合研修などの機会も多くなると考えられる。

## ◆3年ごとに成長プロセスの時期を区分

日本の大企業などでは3年から5年単位でのローテーション人事異動が一般的である。技術系の研究開発者であれば、3年程度、長くても5年程度の研究開発プロジェクトに所属し、金融機関などでは3年程度で店舗や部署を異動することが一般的に知られている。

そこで、3年間を一区切りとして、入社後の時期を3つに区分してみる。入社直後の1年目から3年目までの若手社員としての時期を「初期」。そして、4年目から6年目までの若手社員から中堅社員への過渡期で、半人前として扱われる中堅社員の時期を「中期」。最後に、7年目から9年目までのベテラン中堅社員として扱われる時期を「後期」とする。以下では、こうした時期区分に括って成長プロセスの特徴を概観してみよう。

図 5-5　成長の転機数の時期区分別の内訳

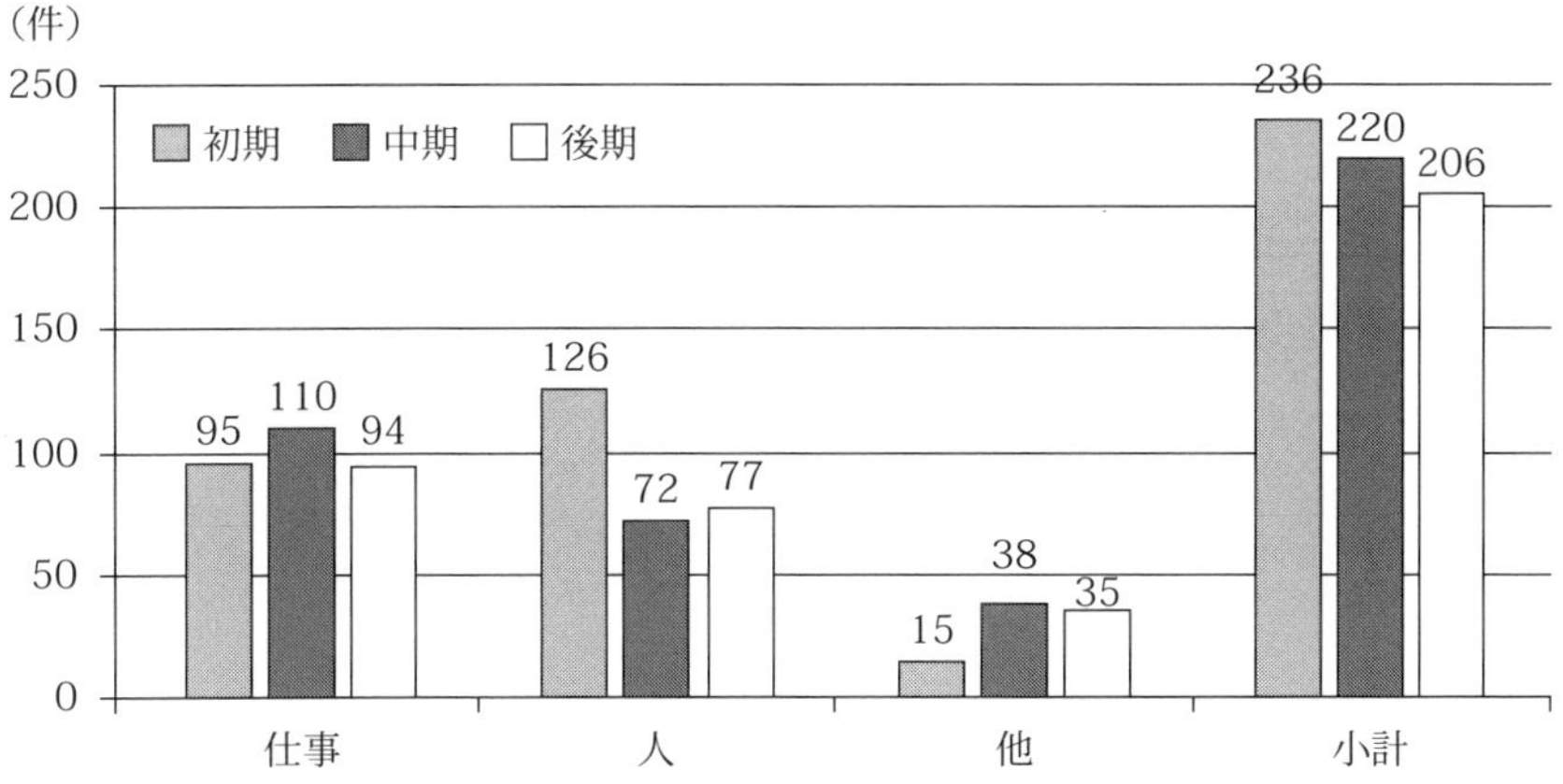


## ◆転機の種類ごとの比較

まず、成長の節目となる転機の種別ごとに３つの時期区分を見てみよう（**図5-5**）。仕事上の経験の転機は、中期が１１０件で最も多く、初期９５件と後期９４件に分散している。他方、人との出会いによる転機は、初期１２６件が圧倒的に多く、中期７２件と後期７７件に分散している。そして、その他の転機は、初期は１５件で最も少ないが、中期３８件と後期３５件に分散する。

**すなわち、仕事とその他による成長の転機は、中期の頻度が最も多いが、人との出会いによる成長の転機は初期の頻度が最多となる。**

## ◆時期区分ごとの比較

次に、３つの時期区分ごとに成長の転機の種別を見てみよう（**図5-6**）。全体的な傾向として、初期から中期そして後期へと、時間の経過とともに成長の転機の頻度は右肩下がりで一直線に減少することが特徴的である。

入社直後の1年目から3年目までの初期の頃は、人との出会いによる成長の転機の頻度が１２６件で最も多く、次いで仕事上の経験による転機の頻度が９５件である。そして、4年目から6年目の中期の頃

図 5-6　時期区分ごとの成長の転機数の内訳

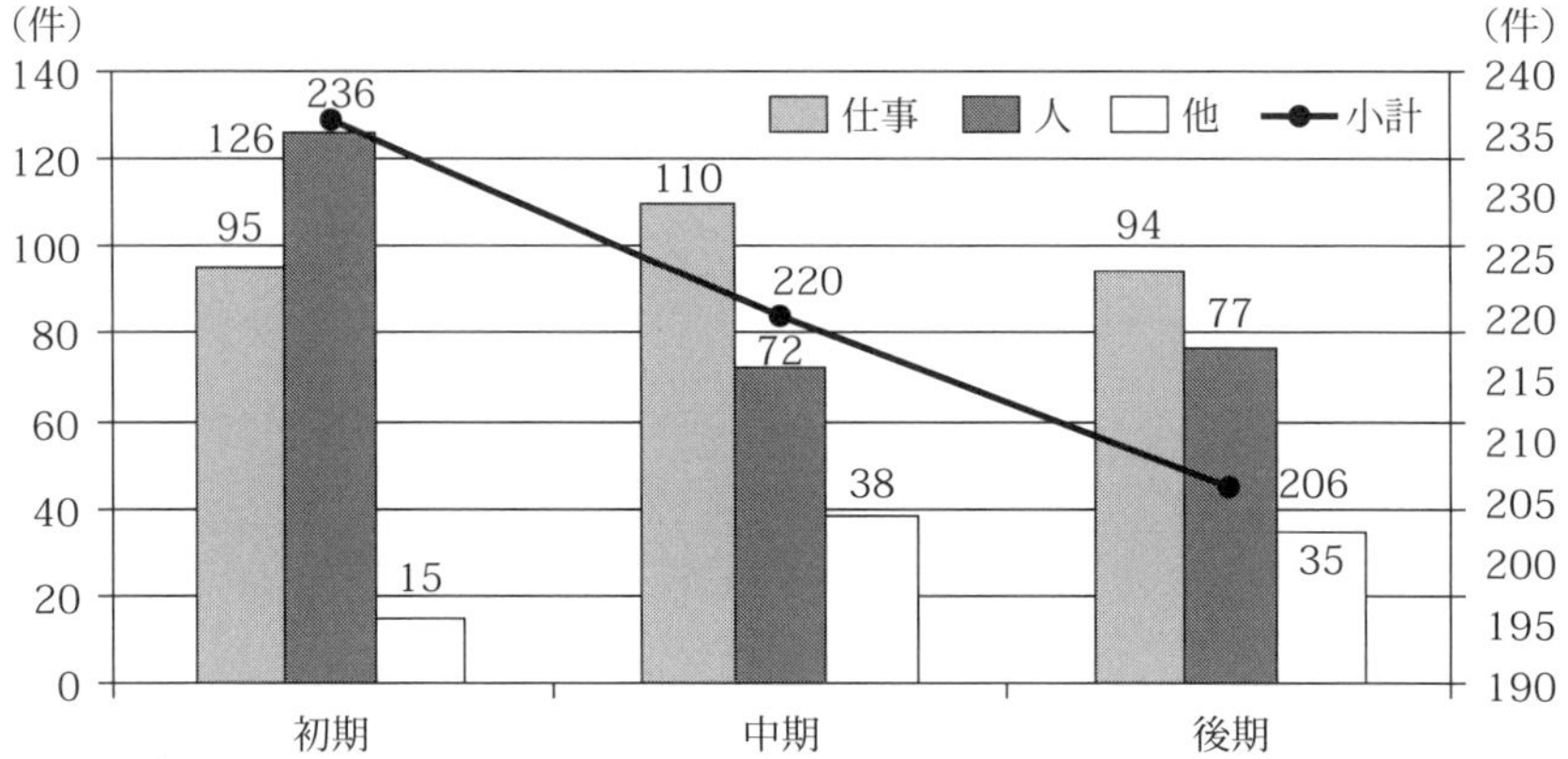


は、仕事上の経験による成長の転機が１１０件で、中期全体の半数を占める。初期のような人との出会いによる成長の転機よりも、仕事上の経験による成長の転機の頻度が１・５倍も多い時期となる。この時期になると、一般的に半人前の中堅社員として扱われるようになり、担当する仕事の不確実性や難易度が高くなる時期でもある。また、その他の日常業務以外の転機の割合も増加して３８件に達する。この頃には、ワークライフにおいても早ければ結婚などで充実したものとなり、社内外の研修の機会も増えて多様なワークライフ上の出来事も次第に多くなる。

７年目から９年目の後期になると、仕事上の経験による転機の頻度は、徐々に逓減し９４件となるが、依然として後期全体の転機の割合としては最も多い。しかし、人との出会いによる成長の転機の頻度は、中期とほとんど変化がなく、むしろ中期よりも少しだけ増加する傾向がみられる。一般的に、日本の大手企業では、この時期に大卒であれば主任や係長などへ昇進したり昇格したりするが、ワンランク上の困難な仕事を任されることが少なくない。その結果、裁量の余地も拡大すると同時に、後輩の指導やプロジェクトマネジメントなどの新たな管理的な仕事の割合が増えてくる頃でもある。

図 5-7　成長の転機となる相手の内訳

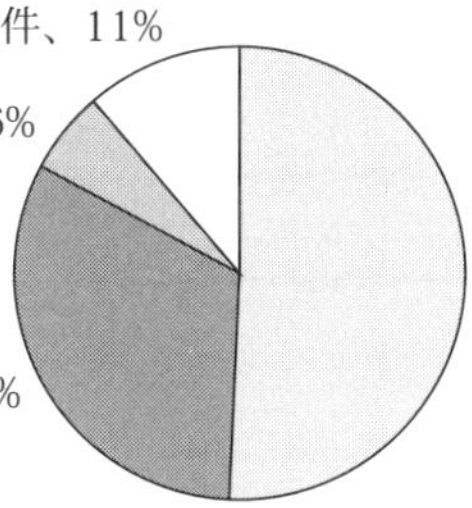


つまり、入社直後の初期の若手社員の頃は、人との出会いによる成長の転機の頻度の割合が最も多い。とりわけ1年目は、人との出会いによる成長の転機の頻度が圧倒的に多く、２年目から3年目にかけて仕事上の経験による成長の転機の頻度が急激に増加する。そして、中期の半人前の中堅社員の頃になると、人との出会いによる成長の転機よりも、仕事上の経験による成長の転機の頻度が1・5倍も多くなり、中期全体の成長の転機の頻度の半数を占め、ワークライフ上の出来事などによるその他の転機の頻度も増加する。さらに、後期のベテラン中堅社員の頃になると、仕事上の経験による転機の頻度は、減少するが依然として後期全体の割合の中では最も多い。ただし、人との出会いとその他の転機の頻度は中期の頃から大きく変わらない。

## ◆人との出会いによる成長の転機の相手は、上司と先輩が大半を占める

人との出会いによる成長の転機となる相手の構成比率を見てみると（図5-7）、上司が５１％で最多だが、先輩が３２％、社外が１１％、職場の上司と先輩以外の同僚が６％である。当然のことながら、身近な上司や先輩との出会いが成長の転機の大半を占めている。

ところが、時期区分別に人との出会いによる成長の転機の相手を詳しく見ると（図

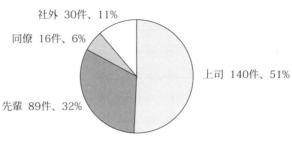

図 5-8　成長の転機となる相手の時期区分別の内訳

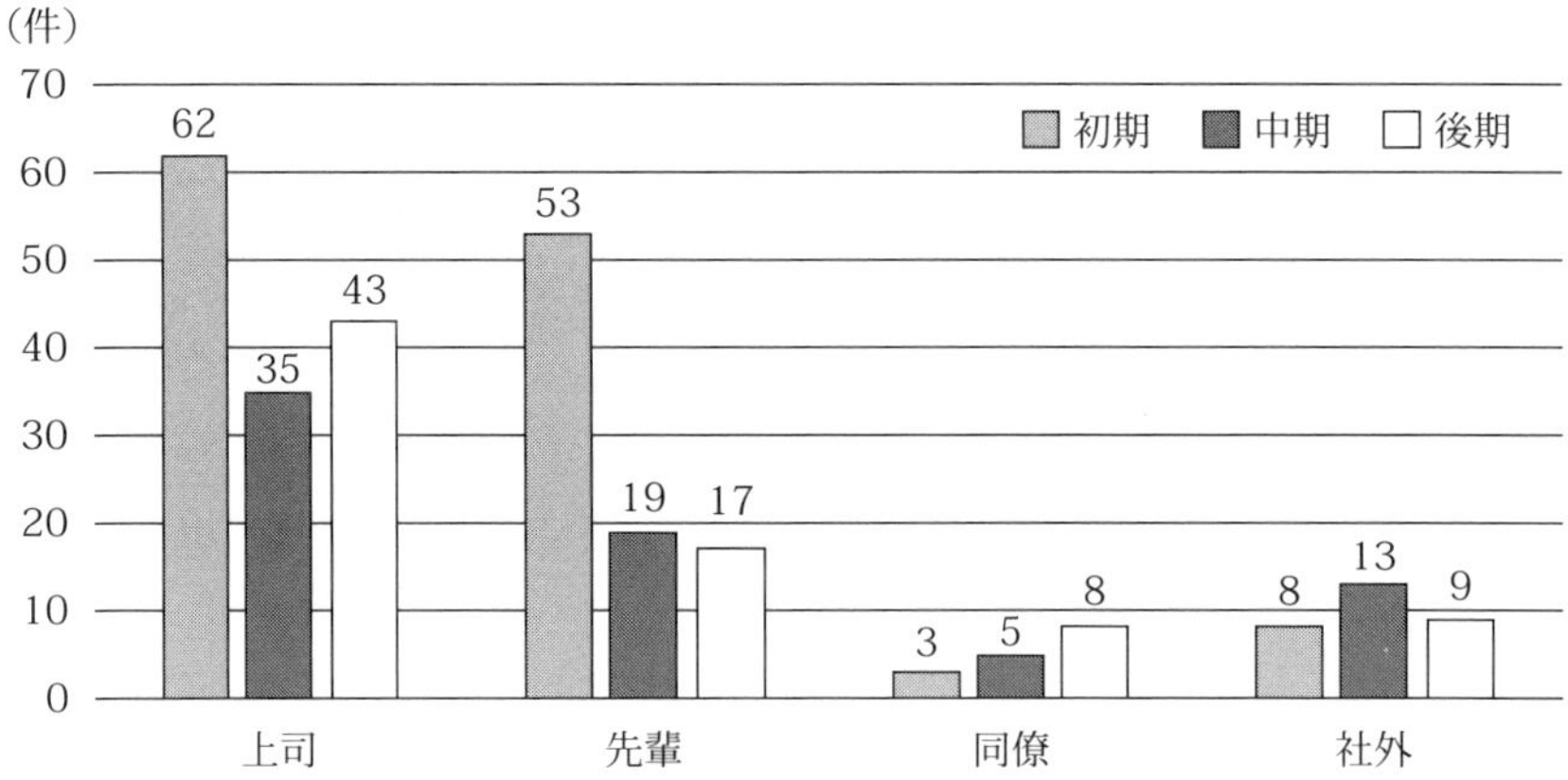


5-8）、時期によって相手の頻度が違ってくる。上司は、いずれの時期をみても最も頻度が多いが、初期は６２件で最も多く、中期はほぼ半減するものの、後期になると再び増加傾向に転じる。ところが、先輩は、初期が５３件で圧倒的に多いが、中期と後期になると激減する。他方、社外の人との出会いの頻度は、中期が最も多い。また、先輩を除く職場の同僚は、初期から中期、後期と年数を重ねるごとに増加する傾向がみられる。

つまり、人との出会いによる成長の転機の相手は、すべての時期で上司が最も多くの影響力をもっている。上司の存在は、部下が一人前に成長するまでのすべてのプロセスに深く関わっていると考えられる。他方、先輩は、初期では上司と同程度に頻度は多いが、中期から後期にかけてその頻度は激減する。その代わりに、中期から後期にかけて社外や同僚の割合が増加し、多様な人々との出会いが成長の転機となると考えられる。

図 5-9　学習内容の内訳

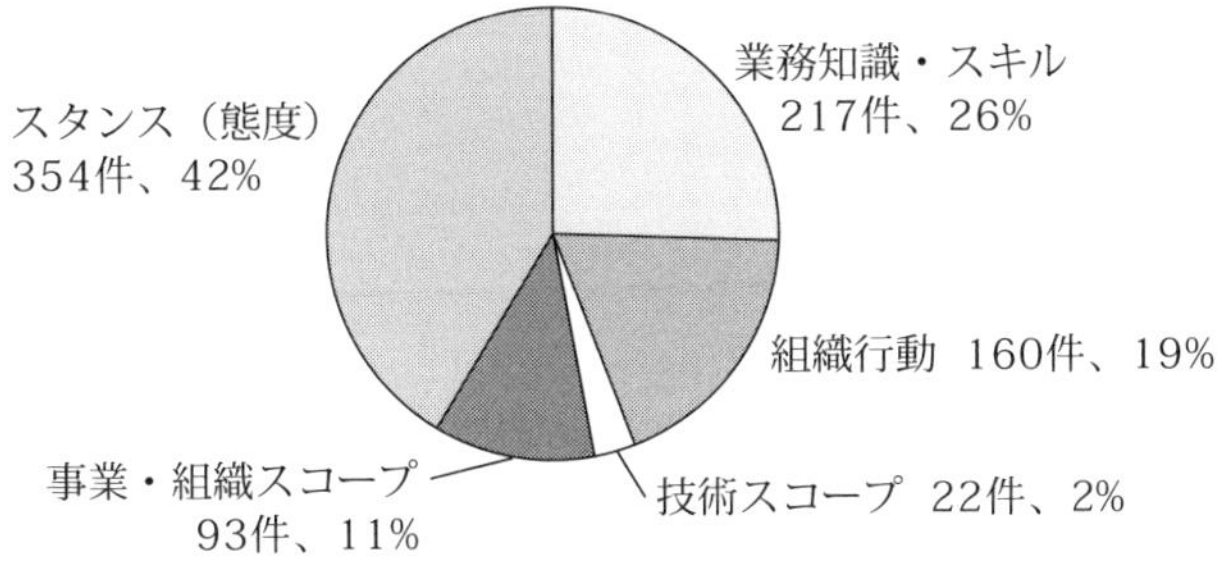


# 成長の節目となる転機から、何を学習するのか

## ◆成長の転機からの学習内容

１２６名のインタビュー調査による成長の節目となる転機では何を学習しているのであろうか。

ここでの学習内容とは、成長の節目となる転機の前後で、知識・スキルや態度などが変化した結果である。[35] インタビュー調査の中では、「この出来事から何を学び、それによって自分がどのように変わったと思いますか」という質問によって得られた返答内容からコーディングしたものである。

こうしたインタビューから学習内容を分析した結果（**図5-9**）、成長の転機数は６６２件だが、その際に学習した内容はインタビュー内容から８４６件が抽出された。すなわち、成長の転機１件につき学習した内容は、平均して１・２８件であった。そして、学習内容のコーディングによって、以下の５つの学習内容に区分した。

### （1）「業務知識・スキル」

直接的に職務成果を発揮するために必要な業務手順や専門知識やスキルなどの職務遂行に特有の学習である。この学習内容は２１７件抽出され、学習内容全体の２６％を占めていた。これは、「スタンス（態度）」に次いで、２番目に頻度が多かった。

**（2）「組織行動」**

組織内の他者に影響を与えることによって周囲を巻き込みながら業務を円滑に進めるための対人関係スキルなどのメンバーシップに関する学習である。この学習内容は、１６０件抽出され、構成比率は１９％だった。

**（3）「技術スコープ（視野）」**

特定の業務遂行に必要な専門技術に限定されず、視野を拡大して自分の専門的技術を俯瞰的に認識するメタ認知的学習である。メタ認知的学習とは、「自分自身が何を学習しているのか」ということを学習することである。分かりやすく例えるならば、自分自身に起きていることを、幽体離脱して、別の自分が認識するようなイメージである。なお、技術スコープだけは、技術系の研究開発者に限定されており、22件抽出され、構成比率は2％だった。

**（4）「事業・組織スコープ（視野）」**

特定の部署や目先の担当業務に限定されず、視野を拡大して自分が関わっている事業や組織を俯瞰的に認識するメタ認知的学習である。この学習内容は、９３件抽出され、構成比率は１１％だった。

**（5）「スタンス（態度）」**

職種や組織に特有の取り組み姿勢や自信、責任感などの基本的な仕事に対する態度や心構え、および人生や生き方などに対する向き合い方に関する学習である。こ

図 5-10　スタンス（態度）の内訳

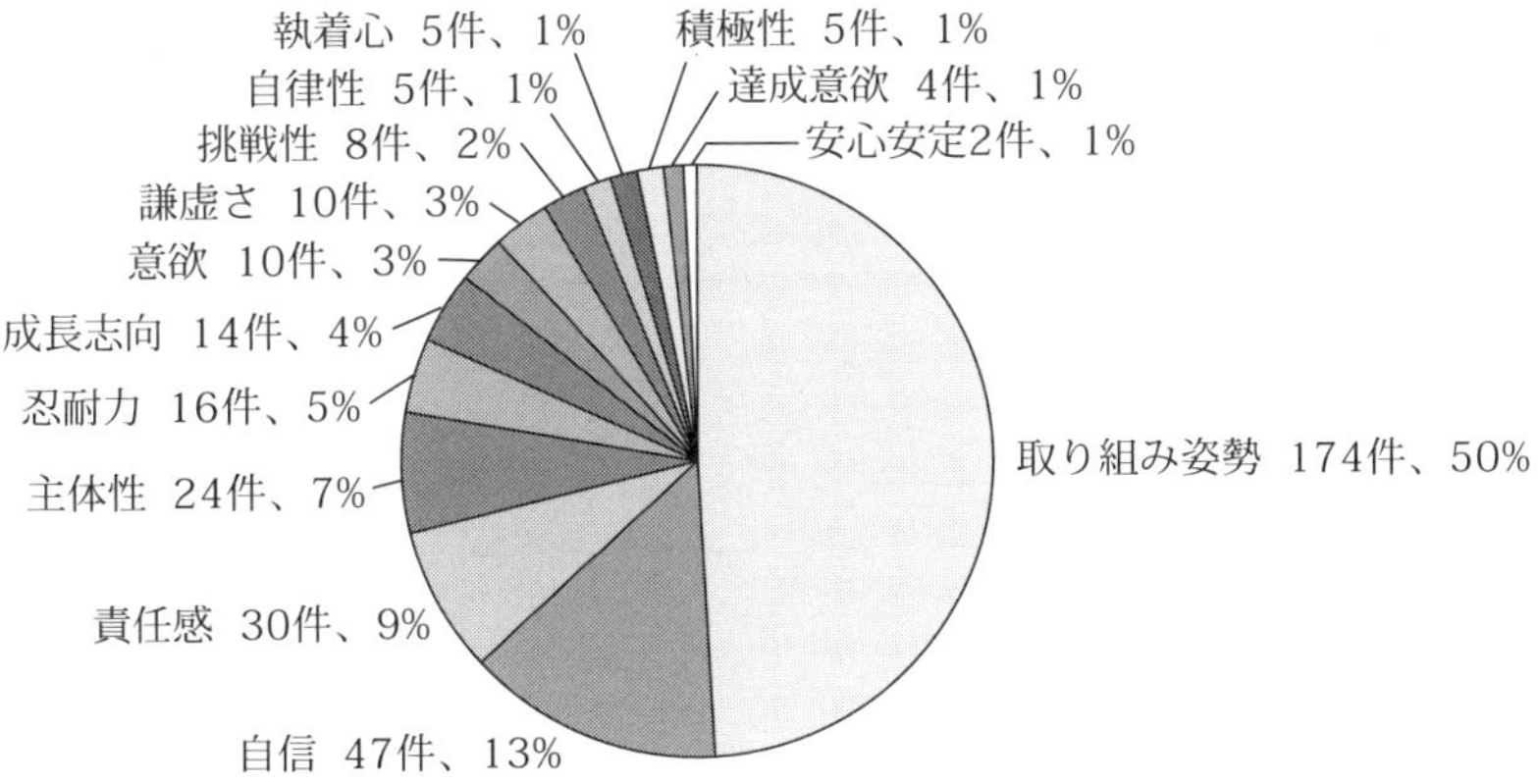


の学習内容は、３５４件抽出され、構成比率は４２％に達し、学習内容の中で最多の頻度となった。

## ◆スタンス（態度）の内訳

スタンスの詳細について、実際にインタビュー対象者の発言内容から抽出できた言葉は、仕事に対する「取り組み姿勢」という包括的な表現が圧倒的に多い（１７４件）。次いで多い内容は、どのような仕事にも共通する基本的な態度や心構えである、「自信」（４７件）、「責任感」（３０件）、「主体性」（２４件）、「忍耐力」（１６件）、「成長志向」（１４件）などである（図５-１０）。

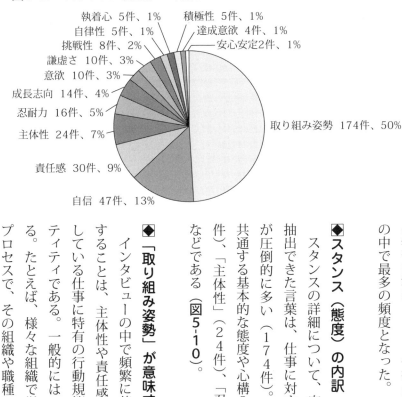

## ◆「取り組み姿勢」が意味するもの

インタビューの中で頻繁に使われている「取り組み姿勢」が主に意味することは、主体性や責任感などの汎用的な態度の他に、職種や担当している仕事に特有の行動規範や価値観などを反映した特有のアイデンティティである。一般的には「○○らしさ」として表現されるものである。たとえば、様々な組織で営業や研究開発などのキャリアを形成するプロセスで、その組織や職種に特有の「らしさ」が身についてくる。同じ大学の同級生が卒業後に同窓会などで再会するたびに、営業職は営業職らしくなり、研究開発者は研究開発者らしくなることを実感させられるであろう。言葉の端々から仕草や服装に至るまで、それらしく見えるようになっていくからである。

なお、スタンスと技術スコープおよび事業・組織スコープとの関係について少し補足しておく。一般的な態度学習について、インタビュー対象者の多くが直接的に使用していた言葉である「スタンス」とした。そして、スコープの学習（視野拡大）は、一般的な学習成分としての分類では、広い意味での態度学習の一つに相当すると考えられる。しかし、この調査研究では、視野拡大が重要な意味をもつことから、一般的な態度学習から切り離してメタ認知的な学習として「スコープ」とした。

## どのような時期に、何を学習するのか

### ◆時期ごとの学習内容の内訳

５つの学習内容の頻度を時期区分別に分けてみると、成長のプロセスにしたがって学習する内容に相違が生じてくる。そこで、まず、時期区分別に学習内容を詳細に見てみよう（図5‐11）。

初期での学習内容は、スタンス（態度）が１３９件で圧倒的に多く、初期の学習

図 5-11　時期区分別の学習内容の内訳

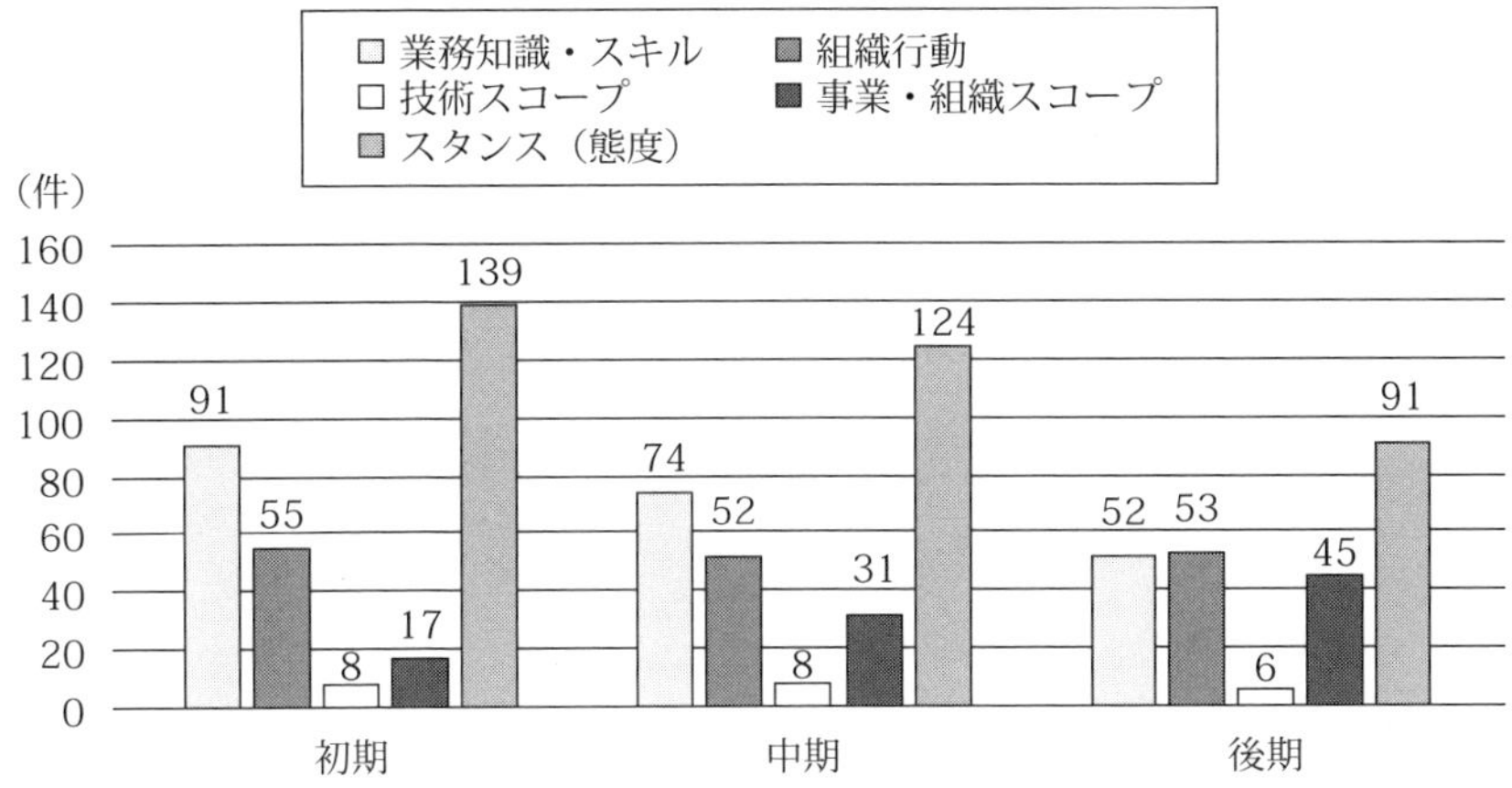


内容全体の約４５％を占めている。次に多いのは、業務知識・スキルが９１件で、５５件の組織行動が続く。これら３つの学習内容が初期の学習内容全体の約９０％を占めている。

中期での学習内容は、依然としてスタンスの頻度が１２４件で圧倒的に多いが、初期に比べると1割ほど減少している。次に多いのは、業務知識・スキルで７４件だが、初期に比べると２割ほど減少する。また、組織行動が５２件で３番目に多くなるが、初期と比べてもさほど変わらない。そして、事業・組織スコープは３１件に達するが、初期の１７件からほぼ倍増する。

後期での学習内容は、相変わらずスタンスの頻度が９１件で圧倒的に多い。これ以外の学習内容の頻度は、組織行動が５３件、業務知識・スキルが５２件、事業・組織スコープが４５件で、ほとんど拮抗している。ただし、事業・組織スコープは、初期から中期にかけて倍増しているように、中期から後期にかけても1・5倍に増加している。

## ◆学習内容の時期ごとの内訳

次に、学習内容ごとに学習時期を詳細に見てみよう（**図5-12**）。

業務知識・スキルとスタンスは、初期から中期、後期に成長するにし

## 図 5-12　学習内容の時期区分別の内訳

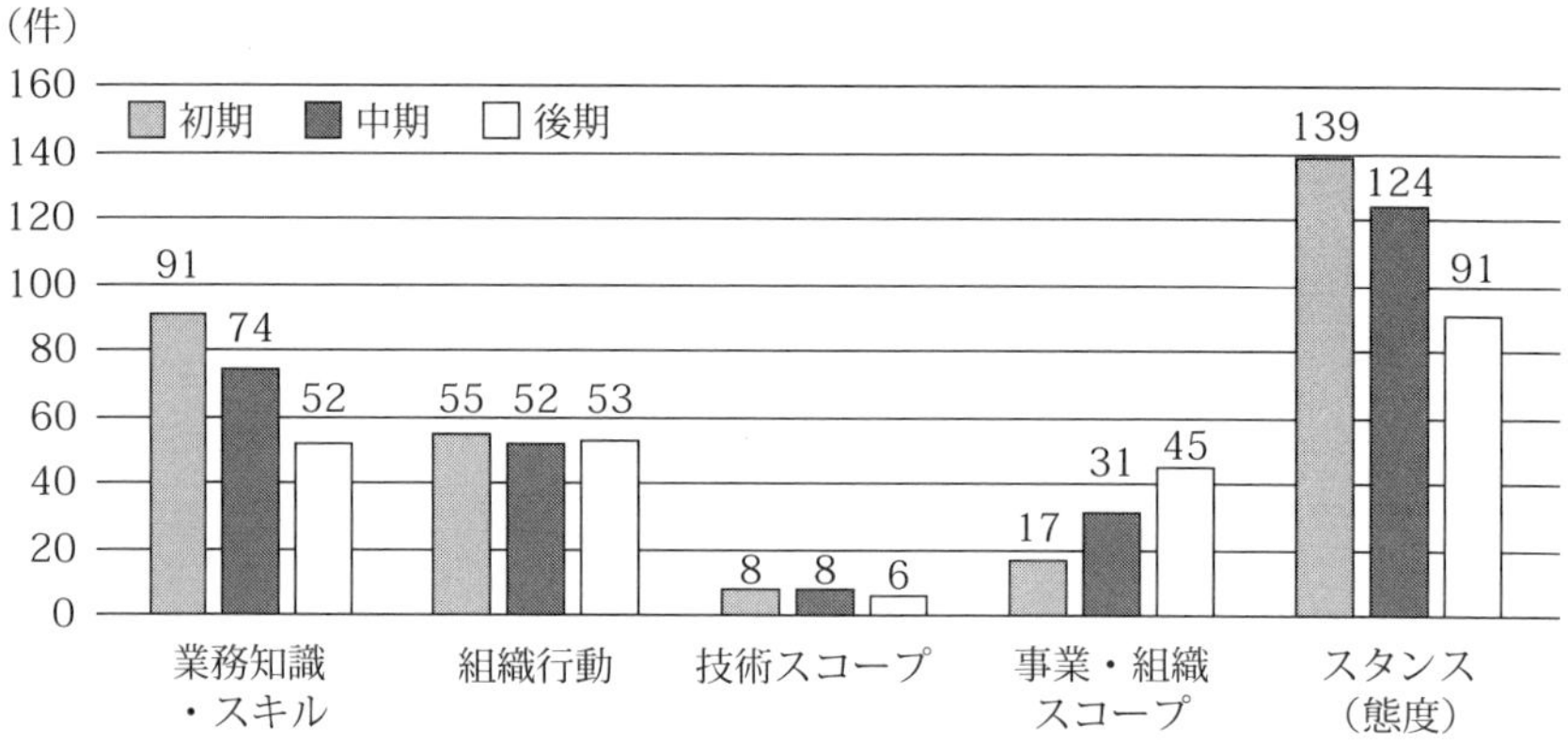


たがって、逓減する傾向が顕著である。他方、組織行動や技術スコープは時期にかかわらず一定の頻度で学習している。ところが、事業・組織スコープだけは、初期から中期、後期に成長するにしたがって頻度が顕著に増加する傾向にある。

### ◆スタンスの内訳

また、スタンスの内訳について、インタビュー内容の言葉によるコーディングによって詳細に見てみると、成長プロセスにしたがって時期ごとにいくつかの相違がみられる（**図5-13**）。スタンスの中でも圧倒的多数を占める「取り組み姿勢」は、スタンス全体の傾向を反映するように初期から中期、後期に成長するにしたがって減少する傾向が顕著にみられる。

これ以外のスタンスの内訳について、わずかではあるが頻度が多く特徴的な傾向がみられる学習内容は、「責任感」、「主体性」、「自信」などの態度学習である。初期の頻度が比較的多い学習内容は、「責任感」（15件）と「主体性」（12件）だが、中期から後期に成長するにしたがって逓減する傾向がみられる。ところが、とりわけ「自信」については、初期でも責任感に次いで多い（14件）が、初期に比べて中期は頻度が

### 図 5-13　時期区分別のスタンス（態度）の内訳

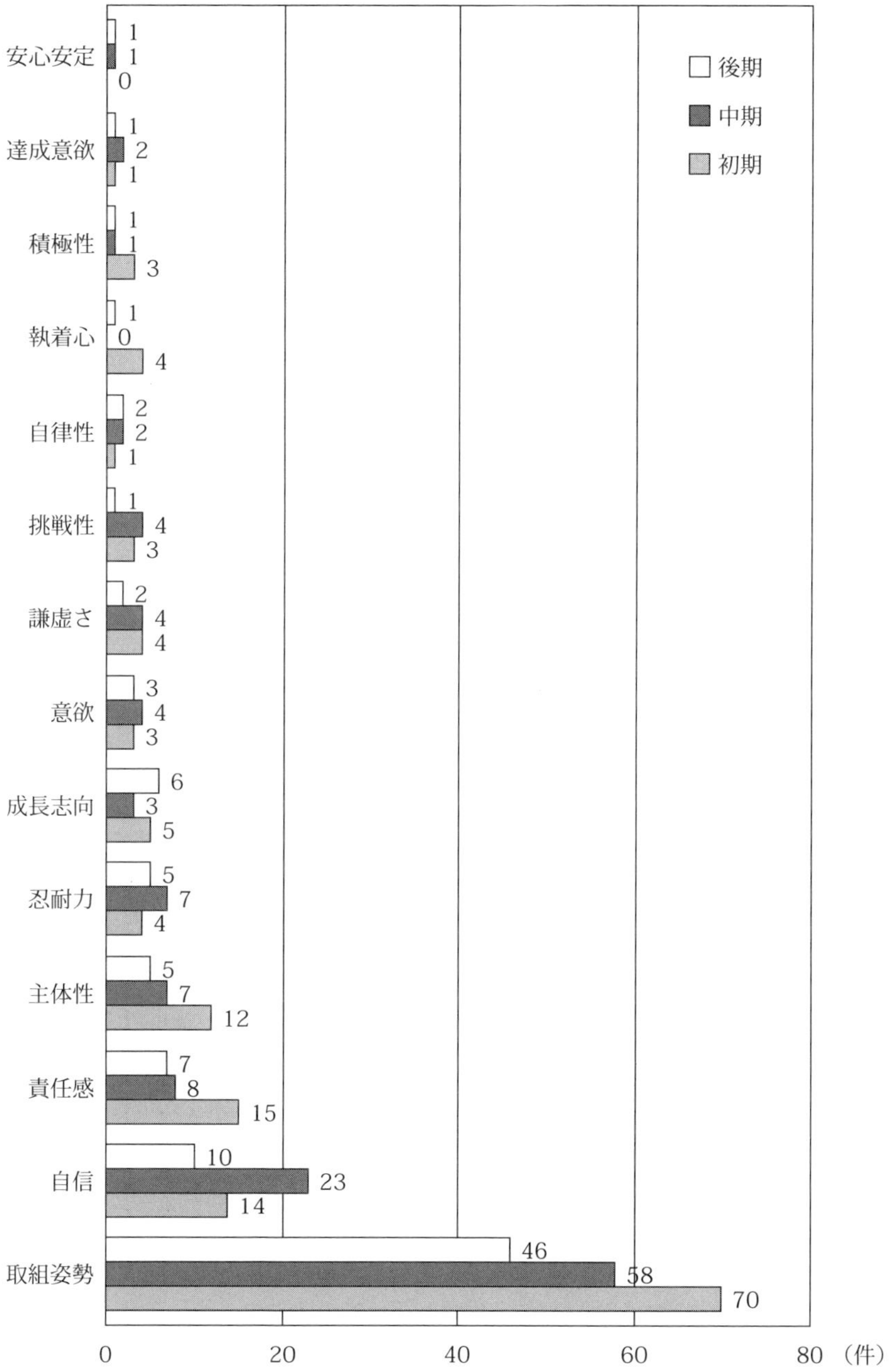

1・5倍に増加（23件）し、後期になると半減する。

つまり、**全体的にスタンスを学習する機会は前期から中期、後期になるにしたがって減少するが、初期には仕事に対する基本的な態度である責任感や主体性などを多く学習し、中期では最も自信を深めるという傾向を垣間見ることができる。**

## どのような成長の転機から、いつ頃、何を学習するのか

5つの学習内容は、いつ頃、主にどのような成長の転機によって学習されるのであろうか（**図5-14**）。

まず、業務知識・スキルは、全体的に見ると、仕事上の経験（80件）よりも、人との出会いによって学習する頻度（116件）が多い。とりわけ初期は人との出会いによる学習の頻度（63件）は、仕事上の経験による頻度（26件）の2倍を超えている。しかし、中期になると、人との出会いによる頻度よりも仕事上の経験の頻度の方がやや上回り、後期でも両者がほぼ拮抗する。

また、組織行動は、全体的に見ると、仕事上の経験の頻度（83件）の方が人との出会い（71件）よりもやや多い。ところが、時期別に見ると、やはり初期は人との出会いによる頻度（31件）が、仕事上の経験の頻度（23件）よりもはるかに多い。しかし、中期になると、仕事上の経験による頻度（34件）が、人との出

## 図 5-14　成長の転機から学習したこと

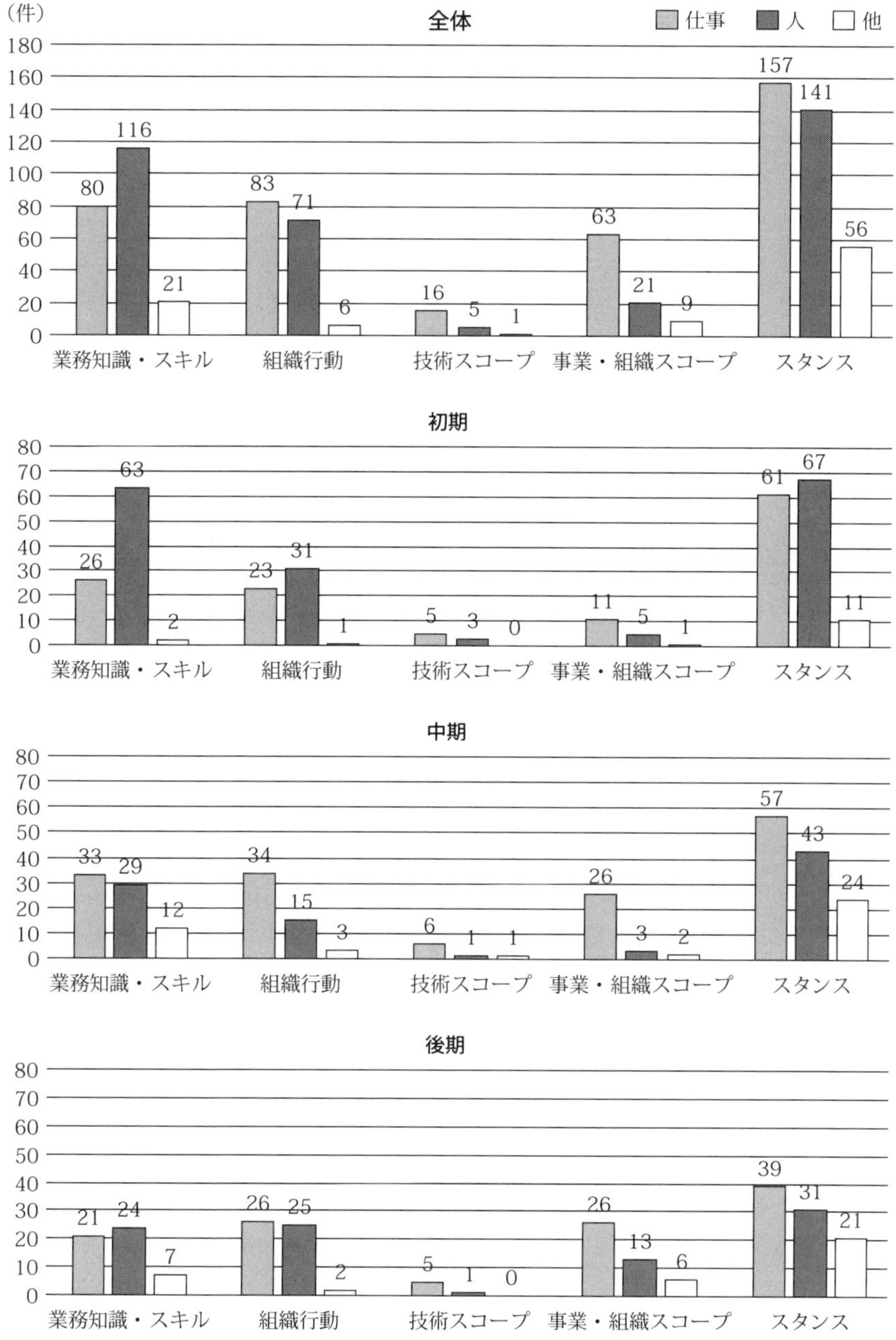

会いによる頻度（15件）の2倍を超えて多くなる。そして、後期になると、ほとんど拮抗している。

そして、技術スコープおよび事業・組織スコープの拡大は、すべての時期を通して仕事上の経験による頻度が圧倒的に多数を占めている。すなわち、メタ認知的なスコープ（視野）拡大をもたらす成長の転機は、仕事上の経験に大きく依存していると考えられる。

最後に、スタンスは、全体的に見ると、仕事上の経験による頻度が、人との出会いよりもやや多い。ところが、やはり初期だけはその関係が逆転して、人との出会いによる頻度がやや多く、それ以外の中期と後期では仕事上の経験による頻度が多くなる。

つまり、業務知識・スキルや組織行動およびスタンスの学習と、視野の拡大を伴う技術および事業・組織のスコープ（視野）の学習とは、学習の機会となる成長の節目の種別や形態が大きく異なる。前者について、入社直後の初期の頃は、上司や先輩などの人との出会いによる成長の転機に大きく依存している。しかし、中期の頃になると、これらの学習は、仕事上の経験による成長の転機に大きく依存することになる。そして、後期の頃になると、両者の成長の転機による学習の頻度が拮抗するようになる。

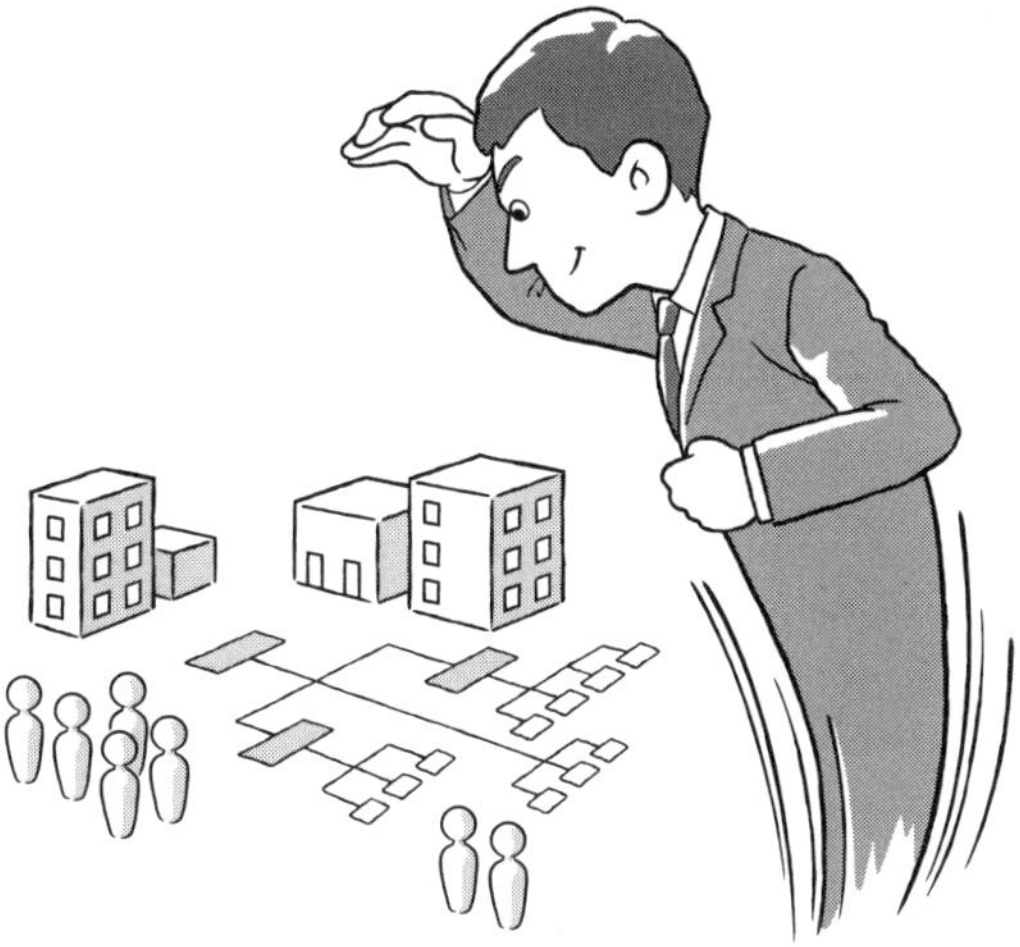

他方、技術や事業・組織に関するスコープの拡大は、初期から中期、後期にかけて一貫して仕事上の経験による成長の転機に大きく依存している。

入社直後から9年間の成長の節目となる転機からの学習内容を、簡潔にまとめてみると以下の通りである。

入社直後の初期の若手社員の頃は、業務遂行に必要な多種多様な知識やスキルを習得すると同時に、仕事への取り組み姿勢や態度を習得することが重要であることは言うまでもない。こうした初期の頃の学習は、主に1年目の上司や先輩などの人との出会いと、2年目から3年目にかけての仕事上の経験による学習に大きく依存している。

また、組織行動は、職場内や関係部署などの関係者を巻き込みながら業務を遂行するために必要なスキルであり、初期だけでなく中期や後期においても巻き込むべき関係者の範囲を拡大させながら学習し続ける知識やスキルであると考えられる。この学習についても中期では仕事上の経験により多く依拠するが、初期と後期では上司や先輩などの人との出会いによる頻度と仕事上の経験による頻度とが拮抗する。

そして、中期から後期にかけて中堅社員として成長するにしたがっ

**て、主に仕事上の経験による転機を通して事業や組織に関するスコープ（視野）を**

**拡大する頻度が多くなる。目先の自分の仕事だけでなく、自らの仕事が組織的にど**

**のように位置づけられているのか、事業としてどのような経営環境に位置している**

**のか、これからの事業のあり方はどうあるべきか、という管理者や経営者のような**

**上位者の高い目線で物事を見極めるための視野が次第に拡大していく。**

なお、その他の成長の転機について、最も多い出来事は、結婚や子供の誕生などの家族に関するライフイベントである。一般的に、こうしたライフイベントの多くは、２０歳代後半から３０歳代前半にかけて、すなわち中期から後期に集中している。

そして、こうしたライフイベントの出来事から学習したことは、「これまで以上に頑張ろうと思った」、「仕事を効率的に進めるように態度を改めた」などというスタンスに関する学習が大半を占めている。

また、中期から後期にかけて、社外研修や勉強会などの社外との交流の機会も増加してくる。こうした日常的な職場を離れた出来事からも、業務知識を深めたり、自分自身の仕事への向き合い方や人生に対する向き合い方などの幅広いスタンスを学習したりする頻度が多くなる。

# 第6章

# 一人前に成長した中堅社員のパフォーマンスの相違をもたらす成長プロセスの要因は何か

## ◆ハイパフォーマーとノン・ハイパフォーマー

これまで今回の調査対象者の成長の転機と学習内容の特徴を見てきたが、新卒時点では同じスタートラインに立ちながら、10年後に一人前に成長したベテランの中堅社員としてのあり方は様々である。その中で最も興味関心が高いものは、パフォーマンスの相違であろう。企業組織にとって、稼ぎ頭である一人前のベテランの中堅社員がパフォーマンスをどれだけ発揮することができるかが、組織の生産性や企業業績を大きく左右するからである。

では、一人前に成長したベテラン中堅社員のパフォーマンスの相違は、いつ頃、どのような成長の転機と学習内容に関係しているのであろうか。

そこで、126名の調査対象者の中から、ハイパフォーマーを抽出してカテゴライズした。各社でのインタビュー調査時点で、パフォーマンスが標準的な同年代と比較して特に優れていると評価された中堅社員である。ここでのパフォーマンス評価は、日本企業では一般的な人事考課指標として活用されている、業績評価と能力・

行動（プロセス）評価などを総合した評価結果や現場などでの評判に基づいて、あらかじめ各社の人事スタッフに判定してもらった。

その結果、インタビュー対象者126名の中から59名（47％）がハイパフォーマー（以下の図表の中では「H」）としてカテゴライズされた。職種別にみると、技術系56名の中から30名（54％）、事務系70名の中から29名（41％）である。このハイパフォーマー以外は、ノン・ハイパフォーマー（図表の中では「NH」）としてカテゴライズした。

## ハイパフォーマーは、入社直後のネガティブなリアリティ・ショックが少ない

ハイパフォーマーが入社直後にネガティブなリアリティ・ショックを経験していた割合は、59名の中で25名（42％）だった。他方、ノン・ハイパフォーマーが同様の経験をしていた割合は、67名の中で39名（58％）だった（**図6-1**）。なお、技術系と事務系に分けてみても、この割合はほとんど変わりなかった。

すなわち、**入社後10年を経過してパフォーマンスが高いベテラン中堅社員ほど、入社直後にリアリティ・ショックを経験していた割合が少ないのである。**

この結果は、記述統計上の差異だけでなく、一人前に成長した中堅社員としての

**図 6-1　リアリティ・ショックの有無**

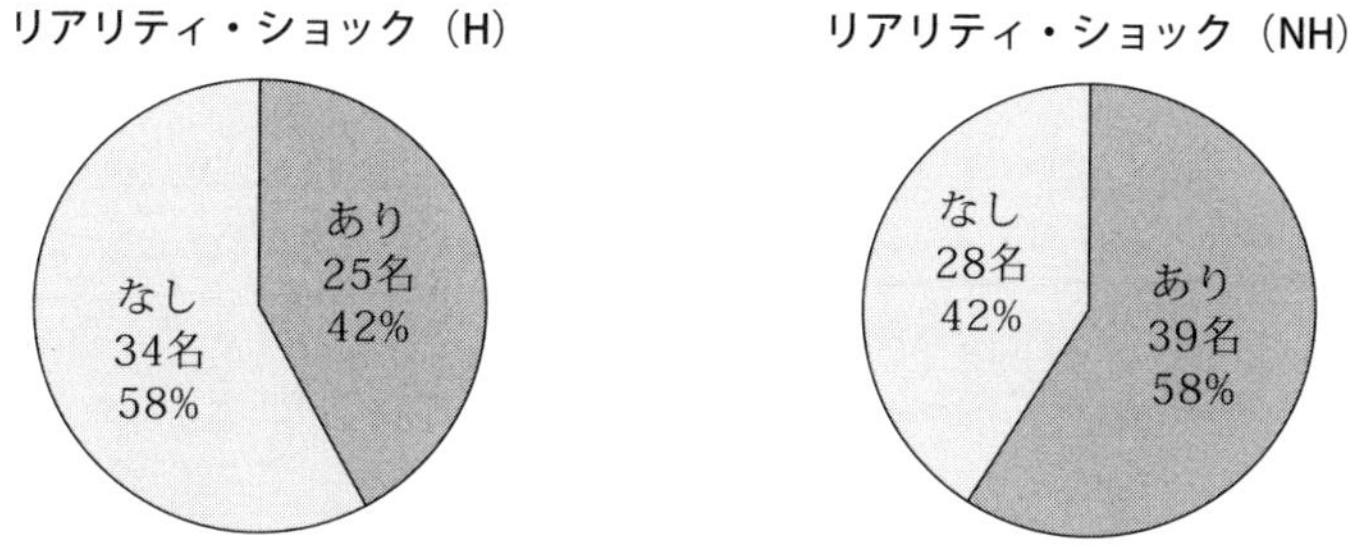


パフォーマンスを従属変数とするロジット回帰分析による結果でも有意な差が検証された（ロジット回帰分析の詳細な結果については巻末の補論を参照）。

ところで、先に紹介した、１９７０年代から８０年代にかけて実施された日本企業のキャリア発達に関する実証研究では、こうした結果は支持されなかった。当時の実証研究では、事前の仮説の一つとして、入社直後の「幻滅」（ネガティブなリアリティ・ショック）がキャリア発達に影響するのではないかと考えられていたが、この仮説は棄却された。入社から7年後と１３年後の高度なキャリア発達に対して有意に影響した要因は、潜在能力と入社直後の上司との垂直的交換関係だけだった。

では、なぜ今回の調査結果は、当時の調査結果と矛盾したのだろうか。その大きな理由として考えられるのは、就職活動時の就職観や志向の相違ではないかと考えられる。

１９７０年代の新卒の就職活動について、当時は「就職」ではなく、「就社」と揶揄されていた時代である。公益財団法人日本生産性本部と一般社団法人日本経済青年協議会が毎年実施している「平成２８年度　新入社員『働くことの意識』調査結果」によれば、先行研究の当時、昭和４０年代半ばの新卒の就職活動での会社の選択理由のトップは、「会社の将来性」（２０％から２５％）だった。ところが、今

図6-2　会社の選択理由（主な項目の経年変化）

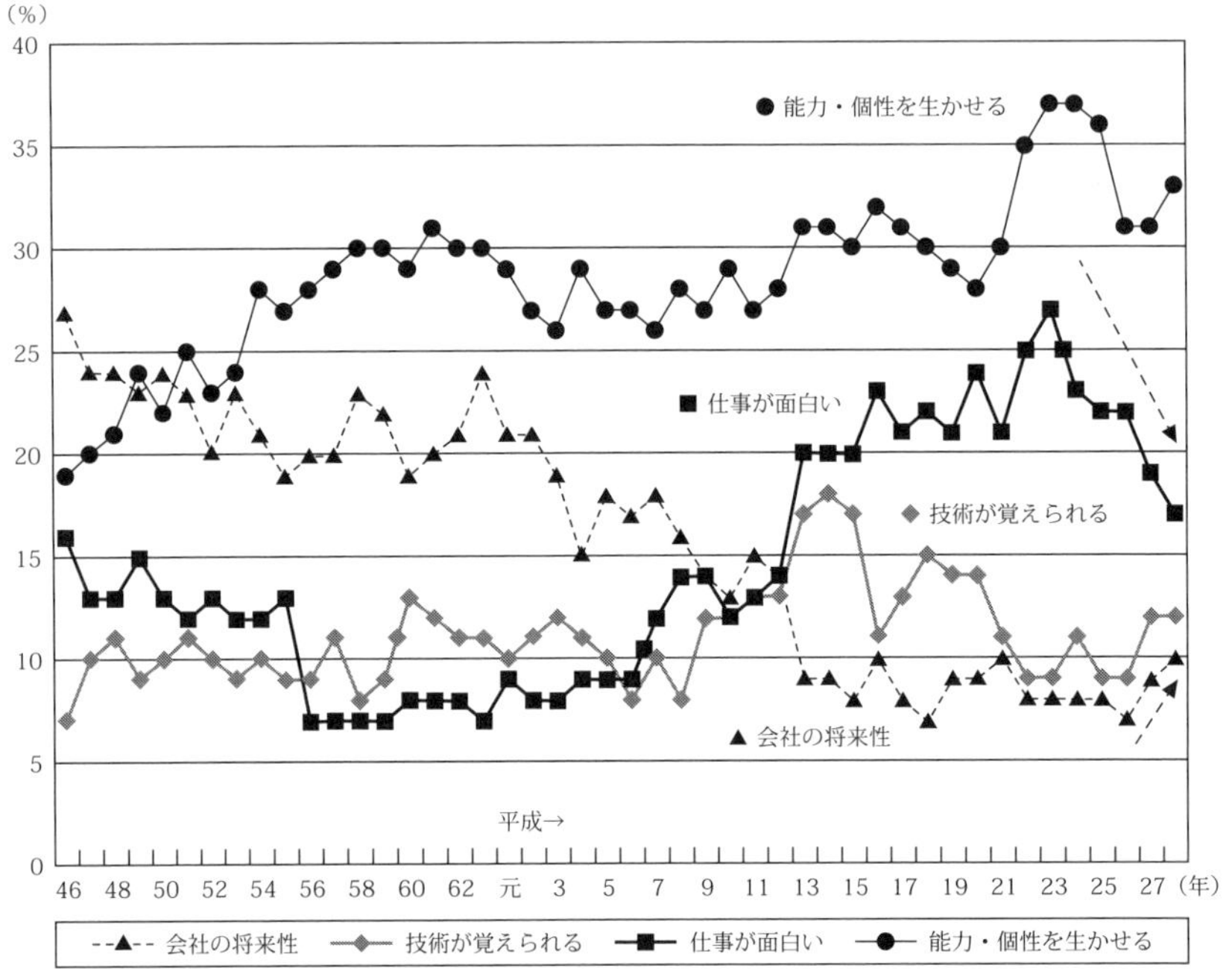


出所）「平成28年度 新入社員『働くことの意識』調査結果」より

回のインタビュー対象者が就職した、1990年代後半の就職氷河期から2008年（平成10年頃から平成20年）のリーマンショック前では、「能力・個性が生かせる」（30％前後）、「仕事が面白い」（20％前後）などが上位にあり、「会社の将来性」（10％未満）は最下位に転落している（**図6-2**）。

すなわち、かつては会社の将来性が、自分の能力・個性や仕事よりも重視されていたが、今日ではそれが逆転しているのである。

今回のインタビュー調査の中で語られたネガティブなリアリティ・ショックの76％は、入社前の仕事に関するイメージと、入社後の現実的な仕事の実態とのギャップの経験だった。たとえば、「大学院の研究室では、先端的で創造的な研究をしていたが、入社直後は定型的な実験とその結果の測定作業が多かった」、「もっと世の中の役に立つ重要な仕事だと思っていたが、実際には営業ノルマに縛られた泥臭いものだった」などである。

会社組織に関するギャップに比べて、自分の能力や個性を発揮して、面白い仕事がしたいという志向と現実の仕事とのギャップは、入社直後の新卒者の仕事への基本的なスタンスである主体性や責任感などの醸成を阻害したり意欲を減退させたりする要因の一つになっているのではないだろうか。その結果、こうした入社直後の成長プロセスへの悪影響が、その後の成長プロセスにも影響を与えているのではないかと考えられる。

## ハイパフォーマーは、仕事経験と人との出会いによる成長の転機数が多い

今回のインタビュー調査で抽出された成長の転機に関して、一人当たりの転機数をパフォーマンス別に比較してみると（図6-3）、ハイパフォーマー（5・39回）の方が、ノン・ハイパフォーマー（5・13回）よりも多い。その内訳を見てみると、仕事上の経験による転機は、ハイパフォーマーの方が、ノン・ハイパフォーマーよりも0・32回も多い。人との出会いによる転機は、同様に0・11回だけわずかながら多い。しかし、その他の転機は、ノン・ハイパフォーマーの方が0・17回だ

図 6-3　パフォーマンス別一人当たり成長の転機の回数

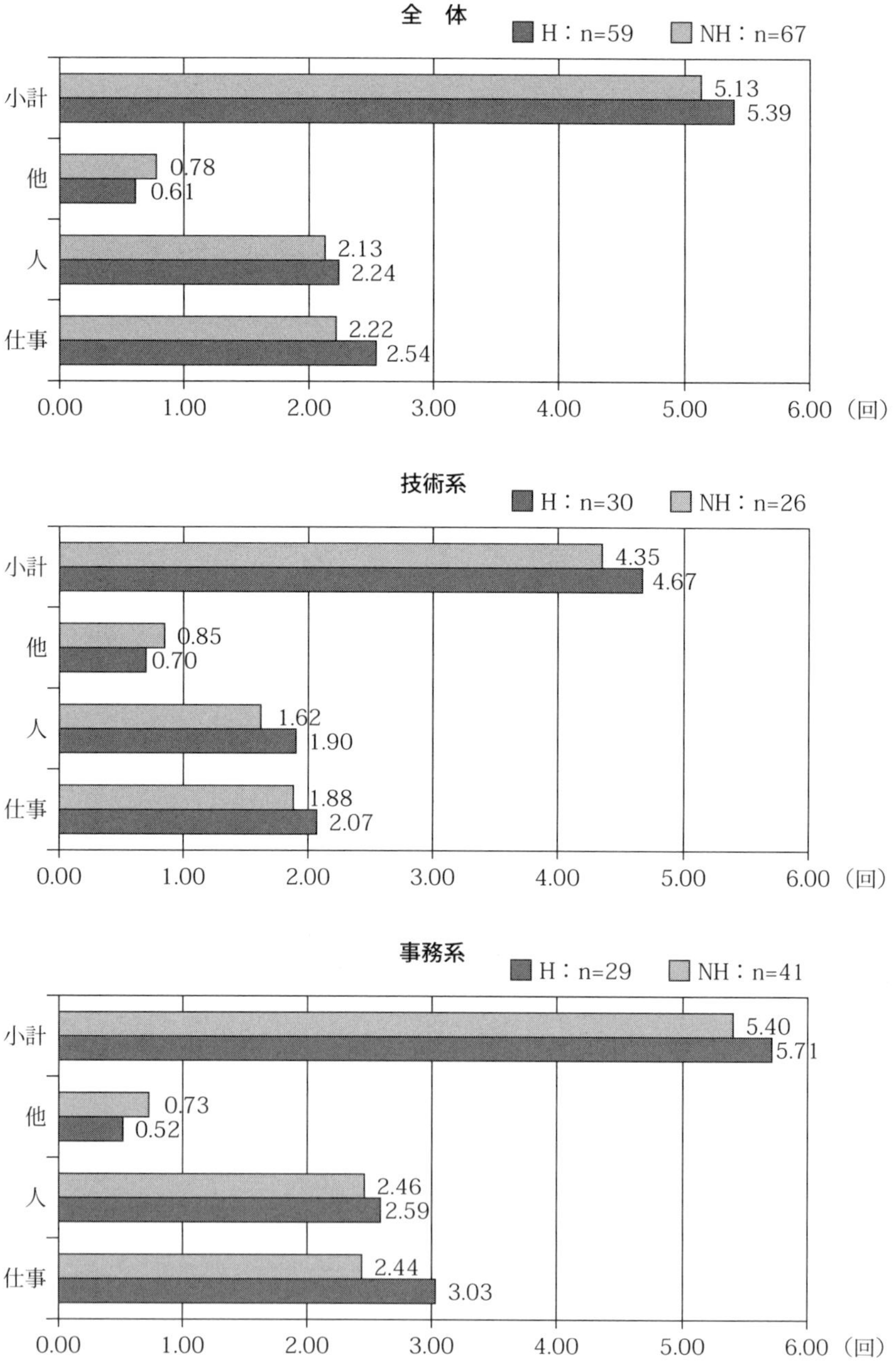

け多い。

すなわち、**ハイパフォーマーの方が、仕事上の経験と人との出会いによる成長の転機の頻度が多く、特に仕事経験による転機の頻度が多い。**なお、こうした傾向は技術系と事務系に共通しているが、一人当たりの成長の転機の総数は、技術系よりも事務系の方が全体で1回程度多いことが特徴的である。ただし、その他の出来事による転機数だけは、事務系よりも技術系の方がやや多い。

一人当たりの成長の転機の頻度に関して、個々人の記憶に刻み込まれた出来事の多寡には、個人差が生じることは当然考えられる。しかし、パフォーマンスの高い一人前のベテラン中堅社員にだけこうした記憶量が多いと考えることは説明がつかない。彼（女）らには、実際に成長の転機となる出来事が多かったのではないかと推測せざるを得ない。そして、成長の転機の頻度が多ければ、それだけ多くのことを学習する機会に恵まれて成長してきたのではないかと考えられる。

## ハイパフォーマーは、社外の人との出会いによる成長の転機の頻度が多い

技術系と事務系に共通して、人との出会いによる転機の相手に関して、ノン・ハイパフォーマーに比べると、ハイパフォーマーの方が、社内や職場に限定されず、

図6-4　人との出会いによる成長の転機

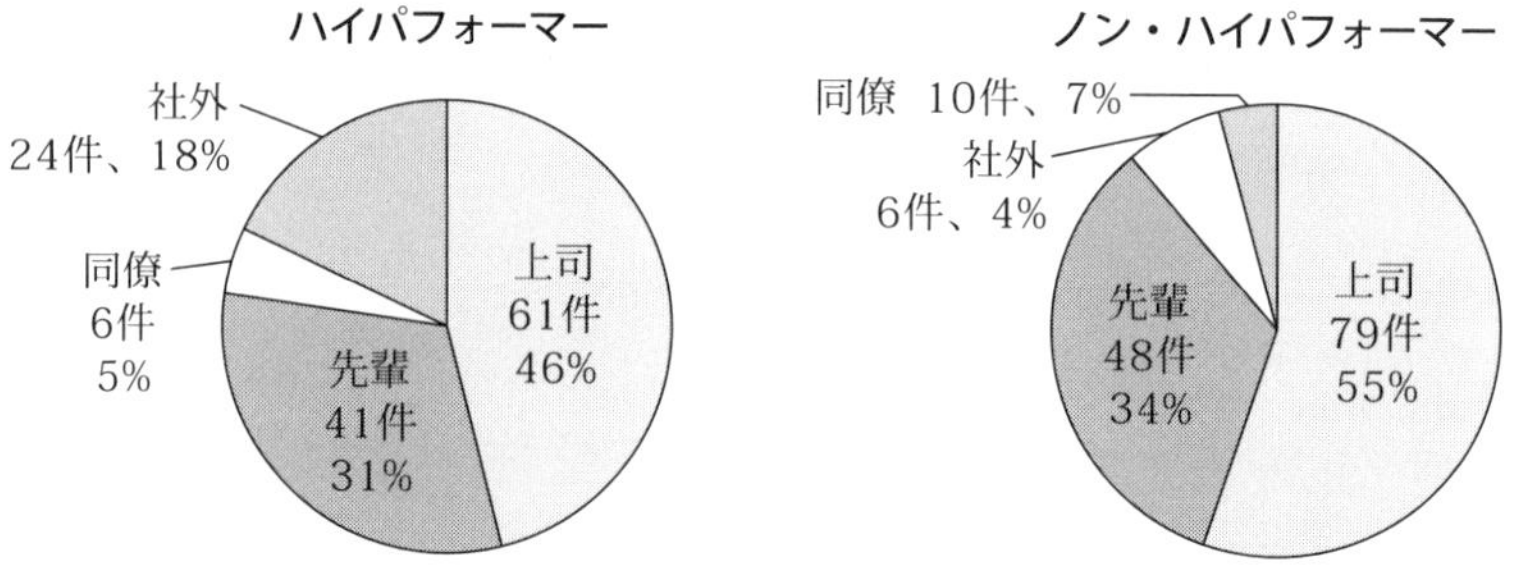


図6-5　社外の相手の内訳

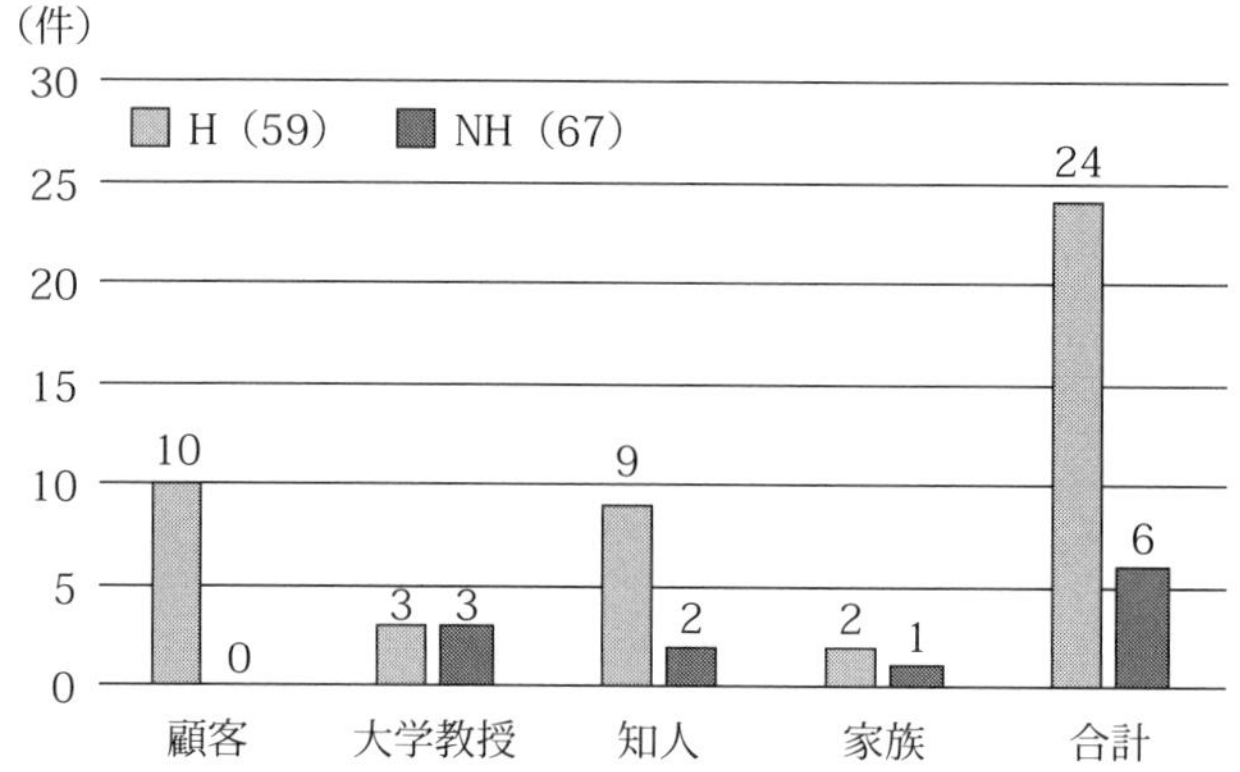


社外の相手の割合が多いことが特徴的である**（図6-4）**。人との出会いによる成長の転機の相手に占める社外の割合は、ノン・ハイパフォーマーがわずか4％でしかないが、ハイパフォーマーは18％を占めており、それだけ多様な人的ネットワークが成長の転機となっている。実際に、ハイパフォーマーの成長の転機となる社外の相手の内訳をみてみると**（図6-5）**、顧客や知人などとの出会いが成長の転機となる頻度が多い。

すなわち、**ハイパフォーマーは、社内の職場などに限定されず、幅広く社外の多様な人々から貴重な薫陶を受ける頻度が多いと考えられる。**

当然のことながら、社内だけでなく社外の多様な人々から様々な薫陶を受けることは、より幅広く多様な学習内容が含まれる可能性が高くなる。とりわけ、ハイパフォーマーにだけ特徴的な社外の相手は顧客である。顧客からの学習は、ビジネスパーソンとしての成長には重要な意味をもっていると考えられる。

## ハイパフォーマーは、入社直後の初期にスタンスを学習する頻度が多い

初期の一人当たりのスタンス（態度）の学習頻度は、ハイパフォーマーが1・17回だが、ノン・ハイパフォーマーは1・04回に留まる。こうした傾向は、技術系と事務系に共通している。技術系では、ハイパフォーマーが0・97回だが、ノン・ハイパフォーマーは0・88回である。また、事務系では、ハイパフォーマーが1・38回だが、ノン・ハイパフォーマーは1・15回であり、その差がより顕著になる（**図6-6**）。

すなわち、**ノン・ハイパフォーマーに比べて、ハイパフォーマーは入社直後の3年間の初期にスタンス（態度）を学習する頻度が多い**。

図6-6　パフォーマンス別、スタンス（態度）の学習回数（一人当たり）

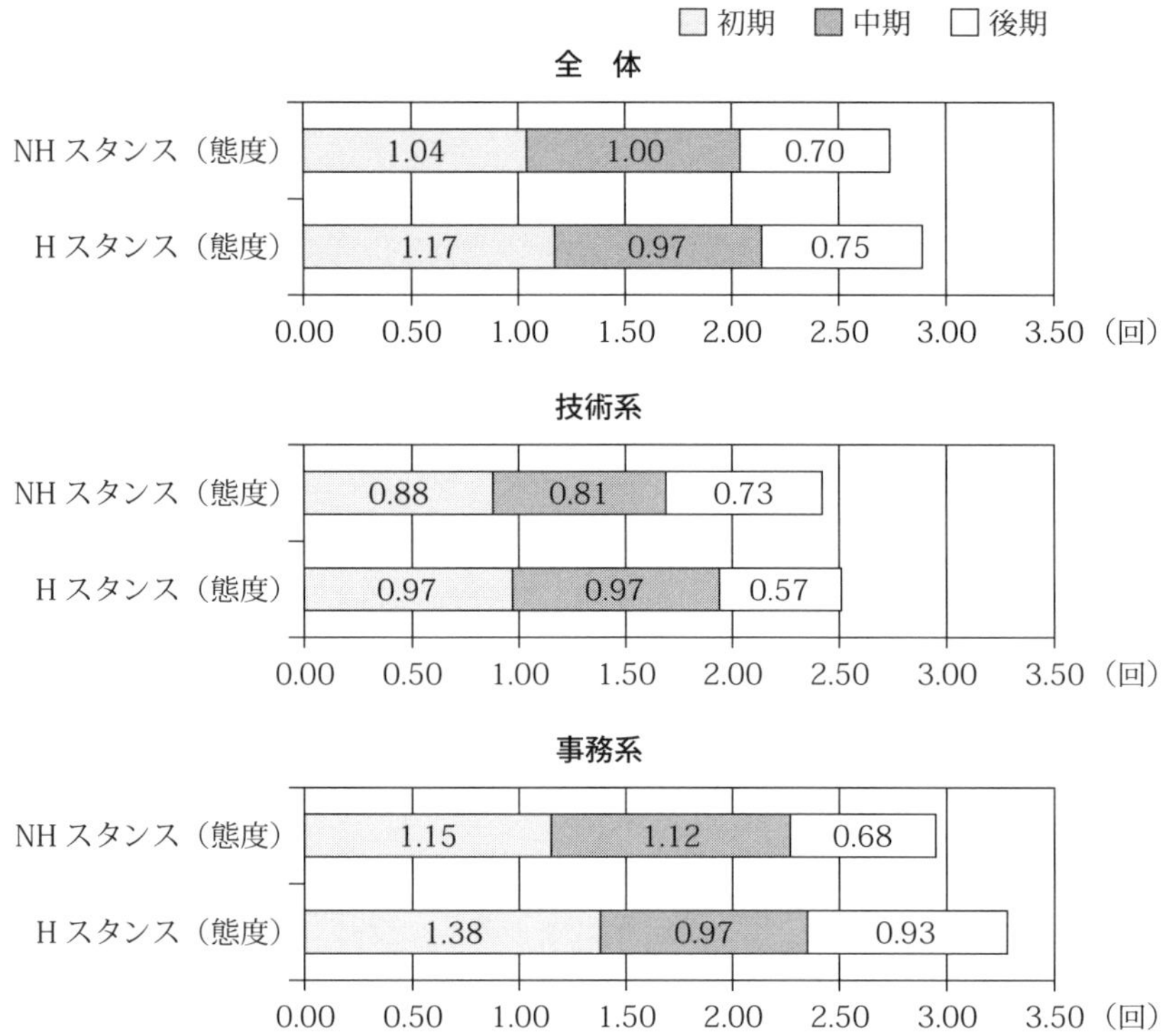


## ◆ハイパフォーマーが入社直後の3年間にスタンス（態度）を学習する頻度が多い理由

では、なぜこうした差異が生じるのであろうか。

先に述べたように、初期の入社直後の若手社員の頃のスタンス学習は、責任感や主体性などの基本的な態度が多く含まれる。こうした仕事の基本的な態度の学習は、その後の中期での成長の転機となる不確実で困難な仕事を、上司がアサインして任せる際に重要な意味をもっているのではないだろうか。

一般的に、上司が部下に不確実で重要な仕事を任せる際、本人の能力と態度や姿勢などを見極めるであろう。部下に任せた仕事が、上司が期待する成果を出せなければ、最終的な責任は組織的な成果に責任をもつ上司にある。それゆえに、上司はできる限り有能な部下に仕事を任せたいと考えるが、現実的には十分に有能な部下が配属されているわけではない。また、部下の成長を考慮して、あえて本人には難しそうな仕事を任せることもある。

そこで、リスクを最小限に抑えながら、部下の能力や態度などを見極めて任せざるを得ないであろう。そのとき、たとえ能力は同じでも、仕事への基本的な態度である主体性や責任感が不十分であると評価された部下には、あえて不確実で困難な仕事を任せる可能性は低くなるのではないだろうか。

ところが、とりわけノン・ハイパフォーマーは、入社直後にネガティブなリアリティ・ショックを経験する割合が多い。その大半が仕事に関するギャップである。入社直後はしばらく仕事に対する幻滅感を抱きながら、モチベーションも高まらない。その結果、初期の頃のこうした基本的な態度学習が阻害される可能性が高く、中期以降の成長プロセスに少なからず影響するのではないかとも考えられる。

## ハイパフォーマーは、7年目に成長の転機を経験する頻度が多い

一人当たりの成長の転機数の全体的な推移の特徴は、3年目と7年目が突出して多いことである（図6-7）。さらに詳しくパフォーマンス別に見てみると、3年

図 6-7　パフォーマンス別、成長の転機数の比較（一人当たり）

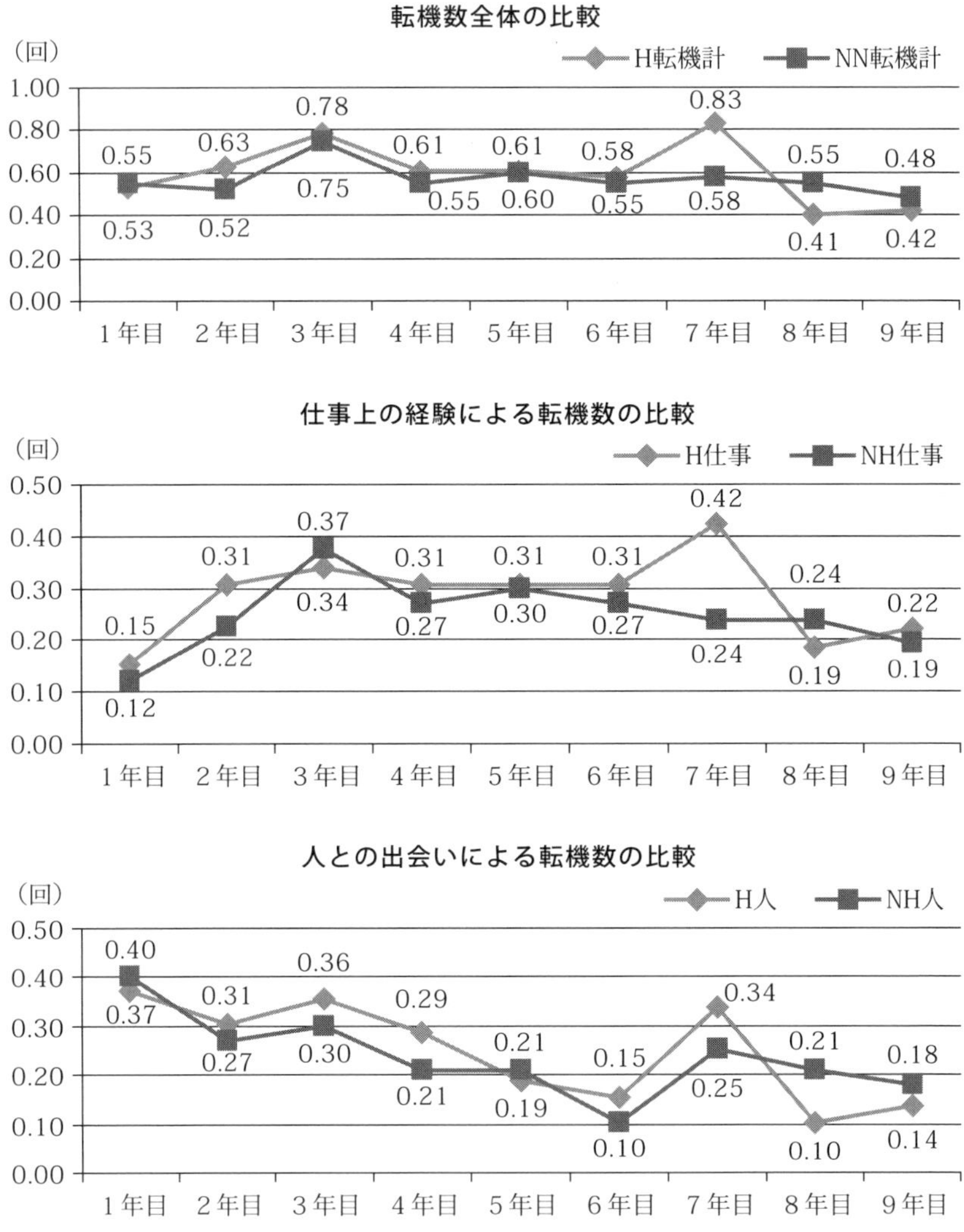


目はパフォーマンスに関係なくどちらも頻度が多い。ところが、7年目になると、ノン・ハイパフォーマーの頻度はそれ以前とほとんど変わらないが、ハイパフォーマーだけは頻度が顕著に多い。この結果は、ロジット回帰分析でも有意差が検証された。とりわけ7年目の仕事上の経験による転機数の頻度が突出する

傾向は、ハイパフォーマーに特有の特徴である。

すなわち、**7年目に主に仕事上の経験による成長の転機を経験した中堅社員ほど、一人前に成長した際に高いパフォーマンスを発揮する可能性が高いと言える。**

入社7年目とは、大卒の事務系であれば30歳直前、大学院の修士課程修了者の技術系であれば、30歳直後である。30歳前後という年代は、ベテランの中堅社員として組織への貢献が期待されている時期である。一般に、日本の大手企業などでは、主任や係長などの昇進や昇格の時期でもある。

したがって、ハイパフォーマーほど、こうした昇進や昇格を契機に、組織的にもインパクトのあるプロジェクトや挑戦的な仕事を任される可能性が高いと考えられる。

## ハイパフォーマーは、2年を超える成長の停滞がなく、レジリアンス（回復）力が高い

今回の調査において、インタビューの最後に、「新卒時点から今日までの成長の軌跡をグラフに描いてください」という作業を対象者に依頼していた。このグラフとは、横軸は新卒時点から今日までの年数、縦軸は新卒時点が「0」で今日を「100」とした場合の成長度グラフである。このグラフに右肩上がりで自分の成長の軌跡を

線で描いてもらった。

その結果、インタビュー対象者の成長の節目となる転機の時期は、グラフの勾配が急傾斜することが確認された。逆に、中期から後期にかけて、仕事上の失敗による挫折や上司などとの折り合いが悪くて成長が停滞していた時期などは、グラフの勾配が緩慢もしくはプラトー化（高原状態）していた。

一般的に、9年間も仕事をしていると、誰にでも仕事での失敗や挫折した経験は必ずと言っていいほど存在する。こうした失敗や挫折の経験をすると、その時点からしばらくは成長度グラフの勾配が緩慢になりがちである。ところが、ハイパフォーマーには、グラフの勾配が2年を超えて緩慢になることは極めて稀だった。むしろ、こうした経験を乗り越えて成長の転機となることから、グラフの勾配が急傾斜になることが少なくない。

つまり、ハイパフォーマーは、たとえ仕事上で失敗したり挫折したりしても、その時点から2年を超えて成長が停滞することがなく、こうした苦難を乗り越えて成長の糧にしていると考えられる。このような失敗や挫折の経験を乗り越えて成長することができるのは、レジリアンス（回復）力が高いからではないかと思われる。

第7章

# 技術系若手社員の成長プロセスの特徴

## 日本企業の技術系社員のキャリア形成の特徴

周知のように日本企業の研究開発に携わる技術系のキャリア形成の特徴は、欧米の技術者と比較すると、３０歳代半ばまでに一人前のベテラン中堅社員としてパフォーマンスを発揮した後、第一線の研究開発を徐々に卒業してジェネラルマネジャーに昇進するコースが中心だった。(36) もちろん、一部の卓越した研究開発者は、専門職として第一線の研究開発に従事し続けるケースもあるが、全体的に見れば今日でも限定的である。

今回のインタビュー調査での技術系の中堅社員は、３０歳代半ばの５６名の第一線の研究開発者である。彼（女）らの仕事の特徴は、特定の研究開発テーマ別の大小様々なプロジェクトチームの中で多様な技術的な問題や課題を解決する業務が大半である。プロジェクトの期間は、2～3年の製品開発プロジェクトや、5～6年もの長期的な基礎研究プロジェクトまで多種多様である。こうしたプロジェクト

図7-1　成長の転機の経年推移（技術系）

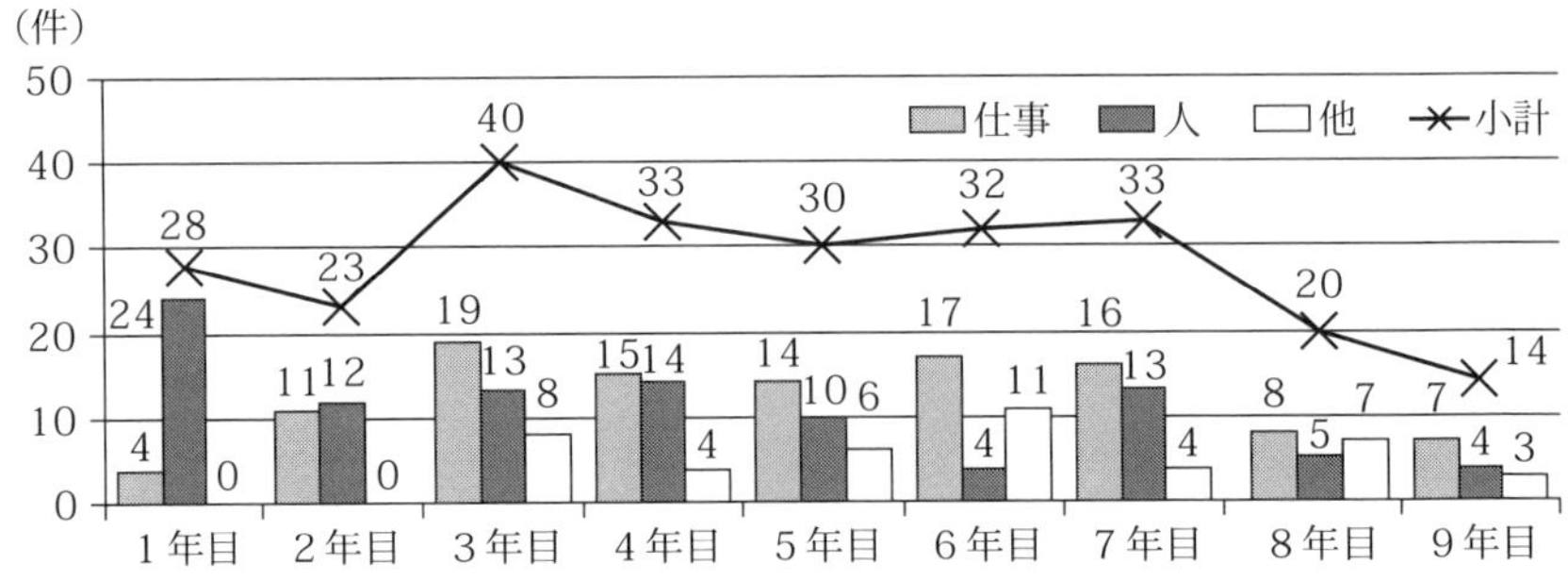


チームに途中から参画することもあれば、複数のプロジェクトチームを兼務することも少なくない。

いずれにしても、大雑把にみると３～５年の複数のプロジェクトでの経験を積み重ねながら、研究開発者としての専門技術の深さと幅を拡大させながら成長することが一般的である。

## 技術系若手社員の成長の転機数と学習内容の推移

まず、技術系若手社員の成長の節目となる転機の頻度について、全体的な傾向を見ると、入社２年目にいったん落ち込むが、入社３年目に４０件で最多となり、それ以降の４年目から７年目までは大きな変化はなく一定の頻度を維持している。そして、８年目から９年目にかけて急激に頻度が減少する（**図7-1**）。後述する事務系に比べると、特定の時期に集中することなく、分散していることが特徴的である。

３つの時期区分別に成長の転機の出来事の種別を見てみると、初期は人との出会いが多く、中期と後期は仕事上の経験の割合が最も多い（**図7-2**）。こうした傾向は事務系と共通した傾向でもある。また、人との出会いによる転機数は、初期だけが突出して多く、中期から後期にかけて減少する。他方、仕事上

図 7-2　時期区分ごとの成長の転機数の内訳（技術系）

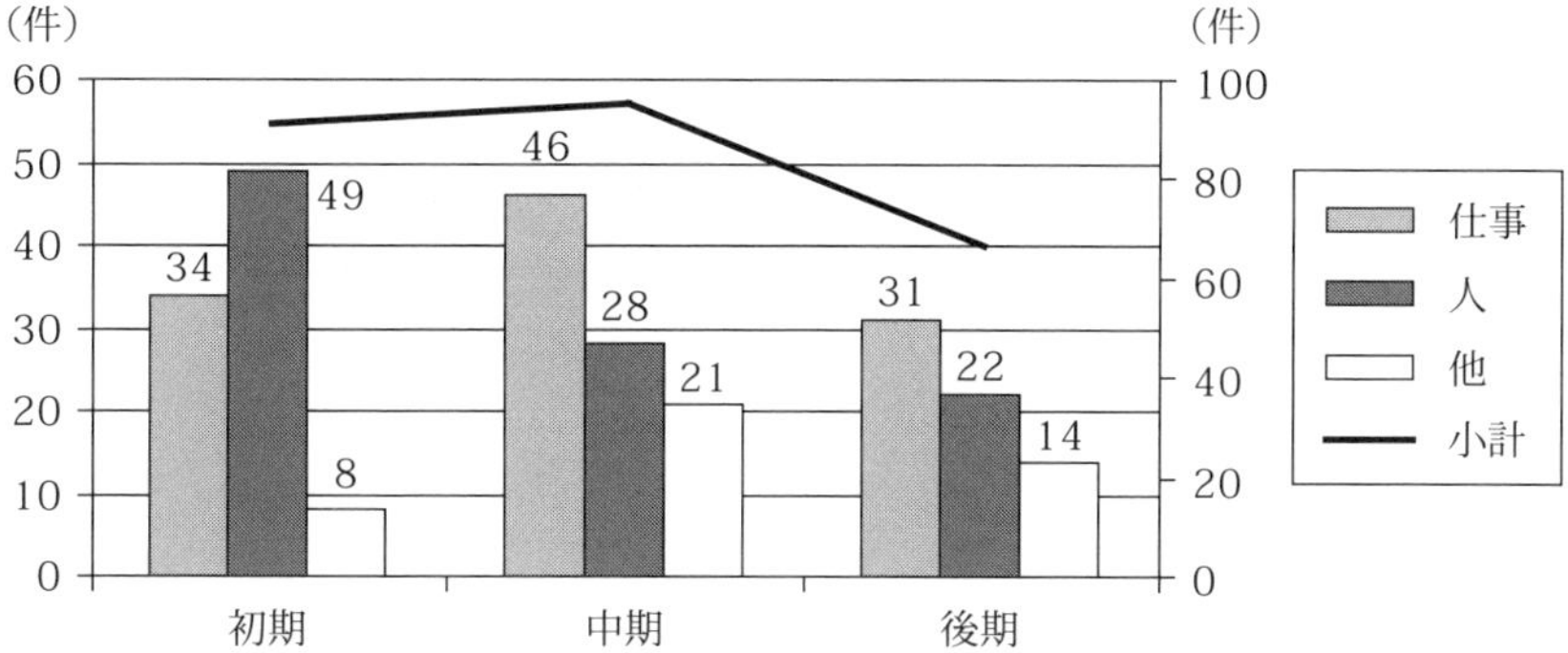


図 7-3　成長の転機数の時期区分別の内訳（技術系）

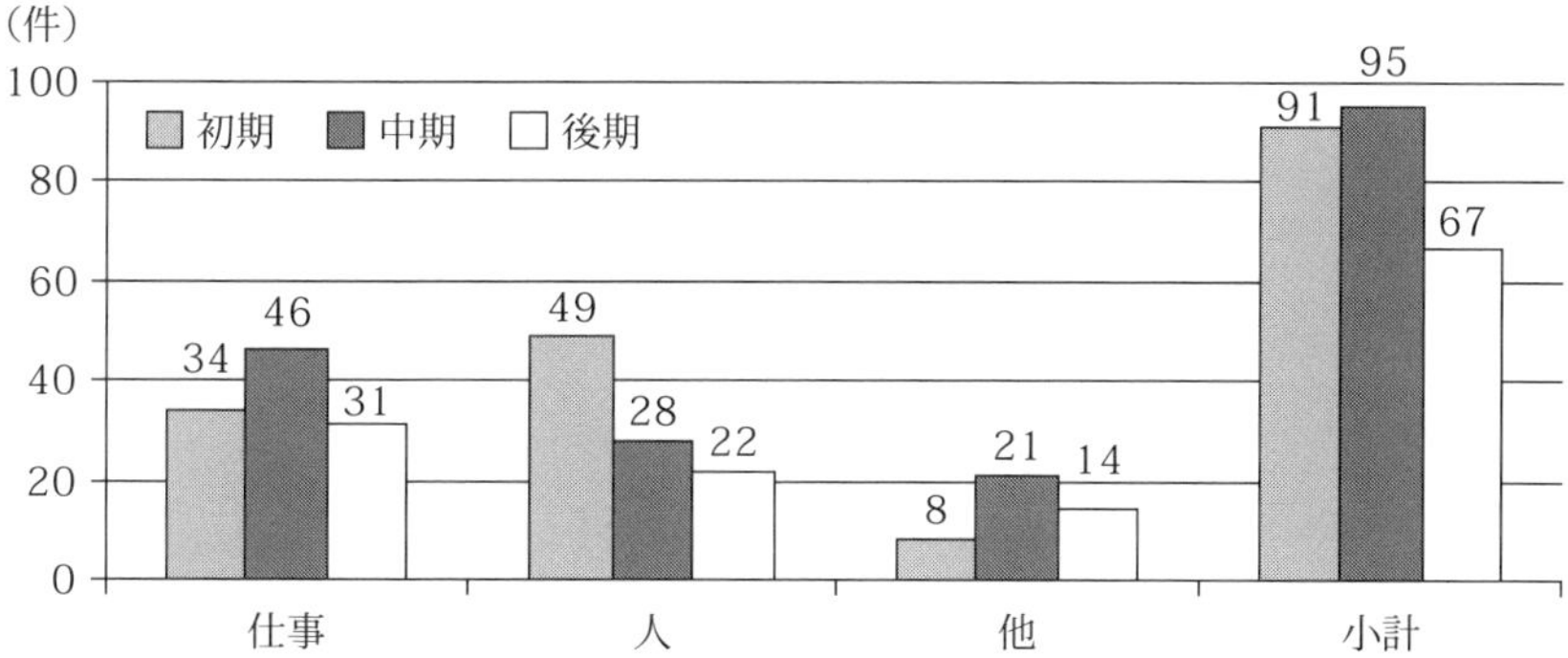


の経験とその他の転機は中期に顕著に多いことが特徴である（図7-3）。

次に、成長の転機から学習した内容を時期別に見てみよう（図7-4）。すべての時期においてスタンス（態度）の学習の割合が最も多く、同時期の業務知識や組織行動に比べて約1・5～2倍もの差異がある。また、これら3つの学習内容は、初期から中期、後期にかけて減少する。他方、件数は非常に少ないが、技術スコープはほぼ均等に時期が分散し、事業・組織スコープは中期から後期にかけて頻度が増加する傾向が見られる。

つまり、**技術系の若手社員は、入社直後の初期の頃は、仕事上の経験よりも人との出会いによって、主にスタンスを中心として業務知識・スキルや組織行動を**

図 7-4　学習内容の時期区分別構成（技術系）

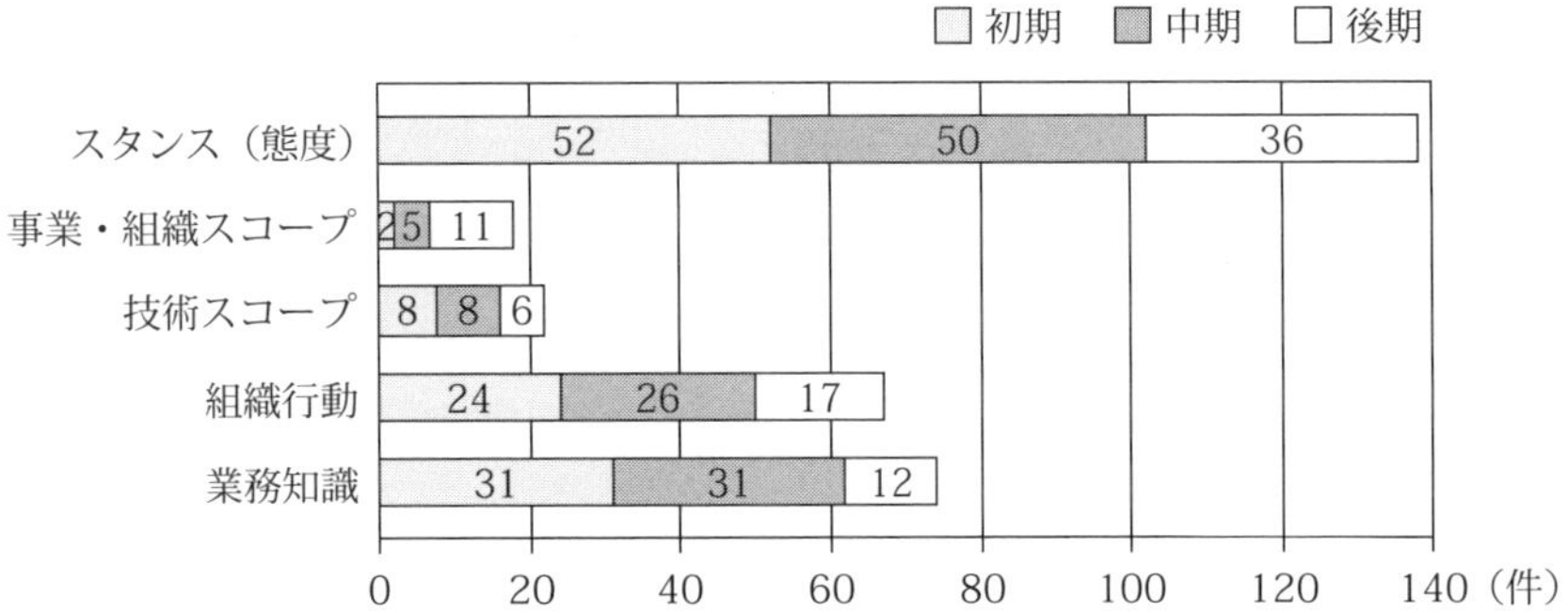


多く学習する。そして、中期から後期にかけて、人との出会いよりも仕事上の経験から、初期とほぼ同様に主にスタンス、業務知識・スキル、組織行動を多く学習するが、後期の学習内容の頻度はそれまでに比べて半減する。また、スコープの学習（視野拡大）について、技術スコープは全期間に分散しているが、事業・組織スコープは、中期から後期にかけて顕著に増加する傾向が見られる。

### ◆技術系若手社員の成長プロセスの特徴

こうした結果を踏まえて、技術系若手社員が一人前に成長するまでのプロセスにおいて注目すべき特徴は、スタンス（態度）学習の頻度の多さであろう。技術系といえども、業務遂行に必要な専門的技術だけを専ら学習しているわけではなく、少なくとも成長の転機となる仕事上の経験や人との出会いによる出来事からは、専門的技術よりも仕事への取り組み姿勢などのスタンス（態度）の学習が、業務知識・スキルの学習に比べて2倍にも達する。また、同時に組織の中でのチームワークやメンバーシップなどの組織行動の学習も、業務知識やスキルとほぼ同程度の頻度を占めている。

日本企業の技術系若手社員は、日常の業務活動を通して多種多様な専門的技術を学習していることに疑いの余地はないが、とりわけ成長の転機ではこうした専門的な技術以外のスタンスや組織行動を学習することが重要な意味を持っ

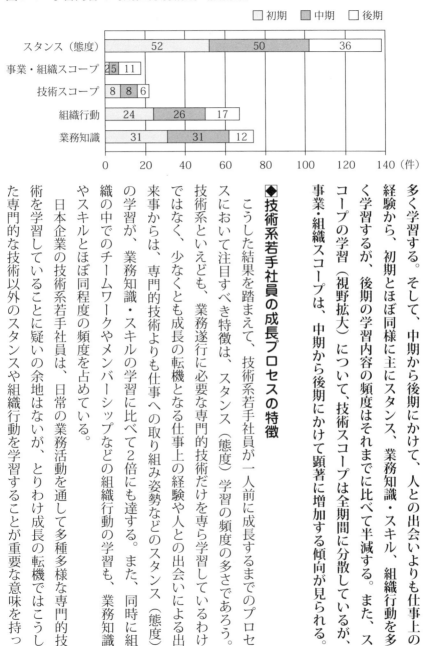

ていると考えられる。

図 7-5　人との出会いの相手（技術系）

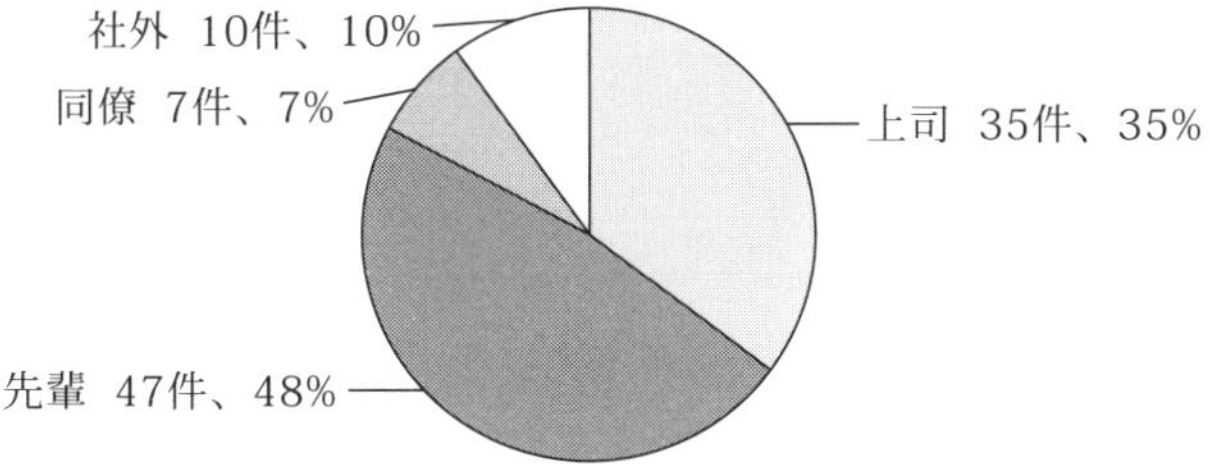


## 技術系の若手社員は、上司よりも先輩との出会いによる成長の転機の頻度が多い

今回の調査では、人との出会いによる成長の転機の相手に関して、事務系と技術系とでは顕著な相違がある。技術系では、成長の転機となる相手として、先輩が４８％に対して上司は３５％である（**図7-5**）。先輩との出会いによる成長の転機が約半数を占めている。ちなみに、事務系の人との出会いによる転機の相手は、先輩が２４％に対して、上司が６０％を占めている。すなわち、事務系に比べると技術系は、直属の上司よりも先輩から影響を受ける頻度が圧倒的に多いのである。

技術系の研究開発は、テーマごとのプロジェクトに参画することが一般的であるため、日常的には直属上司よりもプロジェクトリーダーとなる先輩から直接的な影響を受けることが多いと考えられる。

### ◆成長の転機の相手からいつ頃、何を学習するのか

では、成長の転機の相手となる先輩や上司などからいつ頃、何を学習しているのであろうか（**図7-6**）。

まず、成長の転機となる先輩からは、何を学習しているのであろうか。全体的に見ると、多数を占める学習内容は、業務知識・スキル（26件）が最も多く、次にスタンス（20件）と組織行動（15件）が続く。これら3つの学習内容が先輩から学習する内容の95％を占めているが、初期での学習が圧倒的に多く、中期から後期にかけて半減する。

他方、成長の転機となる上司から学習する内容は、スタンス（20件）が最も多く、業務知識・スキル（13件）や組織行動（7件）などが続く。やはり初期に比較的多く学習する傾向がみられるが、中期から後期にかけても先輩ほど急減することはない。

そして、大学の研究室などへの派遣の機会が増える中期から後期にかけて、大学教授から専門的な業務知識・スキルやスタンスを学習する頻度も少なくない。

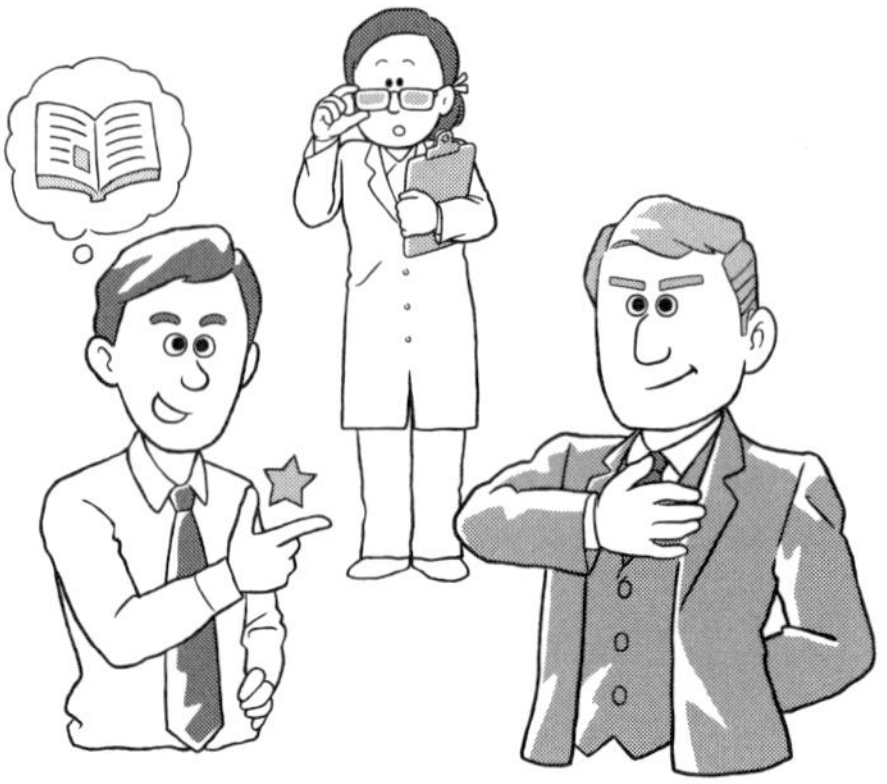

いずれにしても、技術系の研究開発者は、直属の上司よりも、プロジェクトリーダーなどの身近な先輩が成長の転機となる相手として占める割合が多い。ただし、どちらかといえば先輩からは業務知識・スキルと組織行動をより多く学習し、上司からは取り組み姿勢などのスタンスをより多く学習する傾向がみられる。また、こうした先輩や上司などからの学習は、入社直後の

図 7-6　人との出会いによる転機の相手別の学習内容と時期（技術系）

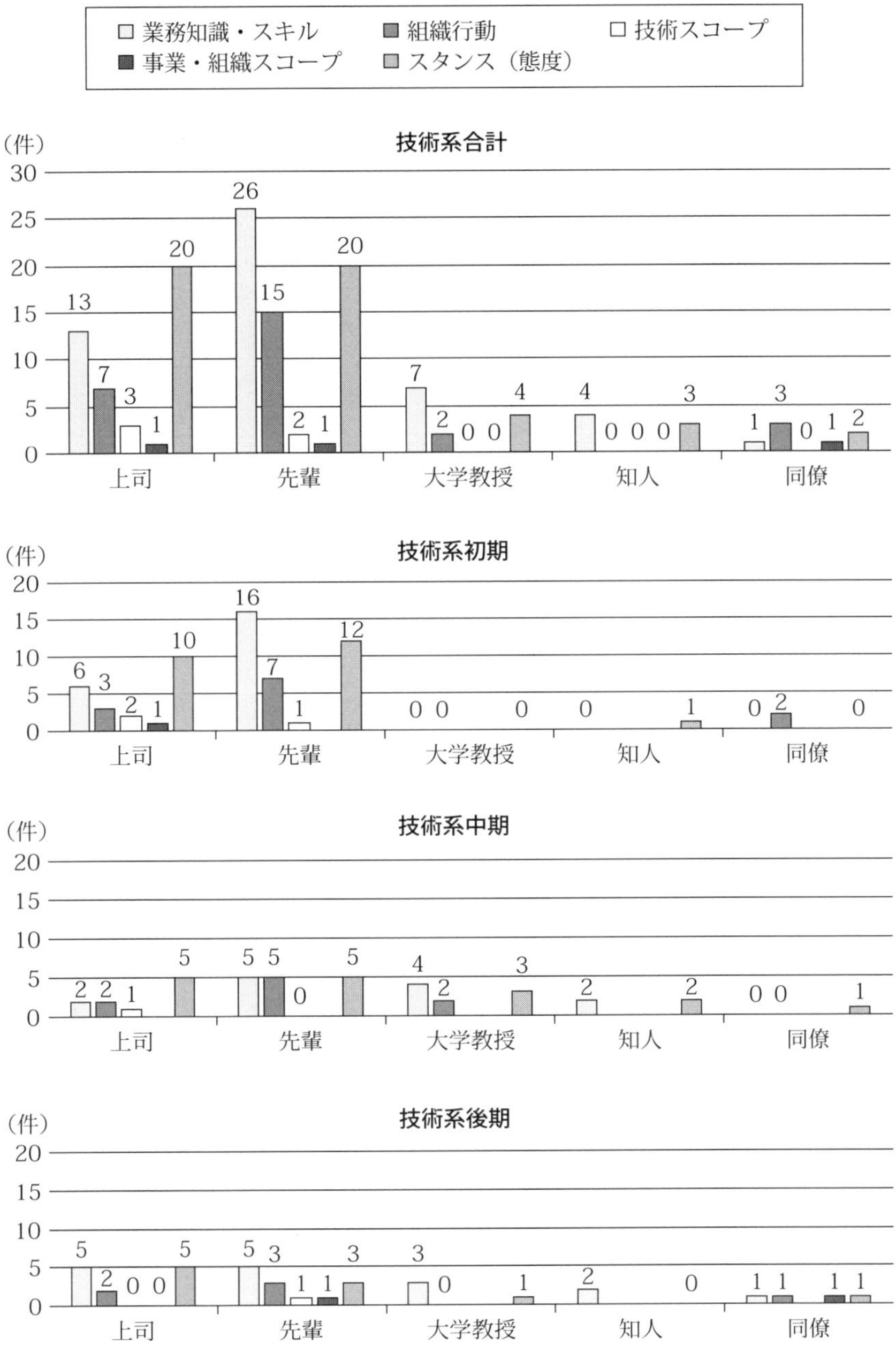

3年間にその影響を受ける機会の割合が圧倒的に多く集中している。そして、中期から後期にかけて、社外の大学教授などからも専門的な技術知識やスキルなどを学習する機会も少なくない。

## 技術系の入社2年目の新人扱いは成長の落とし穴

今回の調査結果の中で、技術系に特有のパフォーマンスの相違をもたらす成長の転機の最大の特徴は、入社後間もない初期、とりわけ入社2年目の一人当たりの成長の転機の頻度である。ここでの成長の転機は、主に仕事上の経験に関係している(**図7-7**)。

技術系のハイパフォーマーは、事務系と同様に、1年目から3年目にかけて仕事上の経験を中心とする成長の転機の頻度が急増する。ところが、ノン・ハイパフォーマーだけを取り上げると、入社2年目の成長の転機の頻度は、極端に少なく、3年目になると遅れを取り戻すかのように激増する。すなわち、入社2年目の早い時期に成長の転機を経験した技術者ほど、一人前の中堅社員に成長した際にハイパフォーマーになる可能性が高い。

こうした2年目の成長の転機数が中堅社員に成長した際のパフォーマンスに与える影響は、ロジット回帰分析によっても有意に検証された。

図 7-7　パフォーマンス別、成長の転機数の比較（技術系：一人当たり）

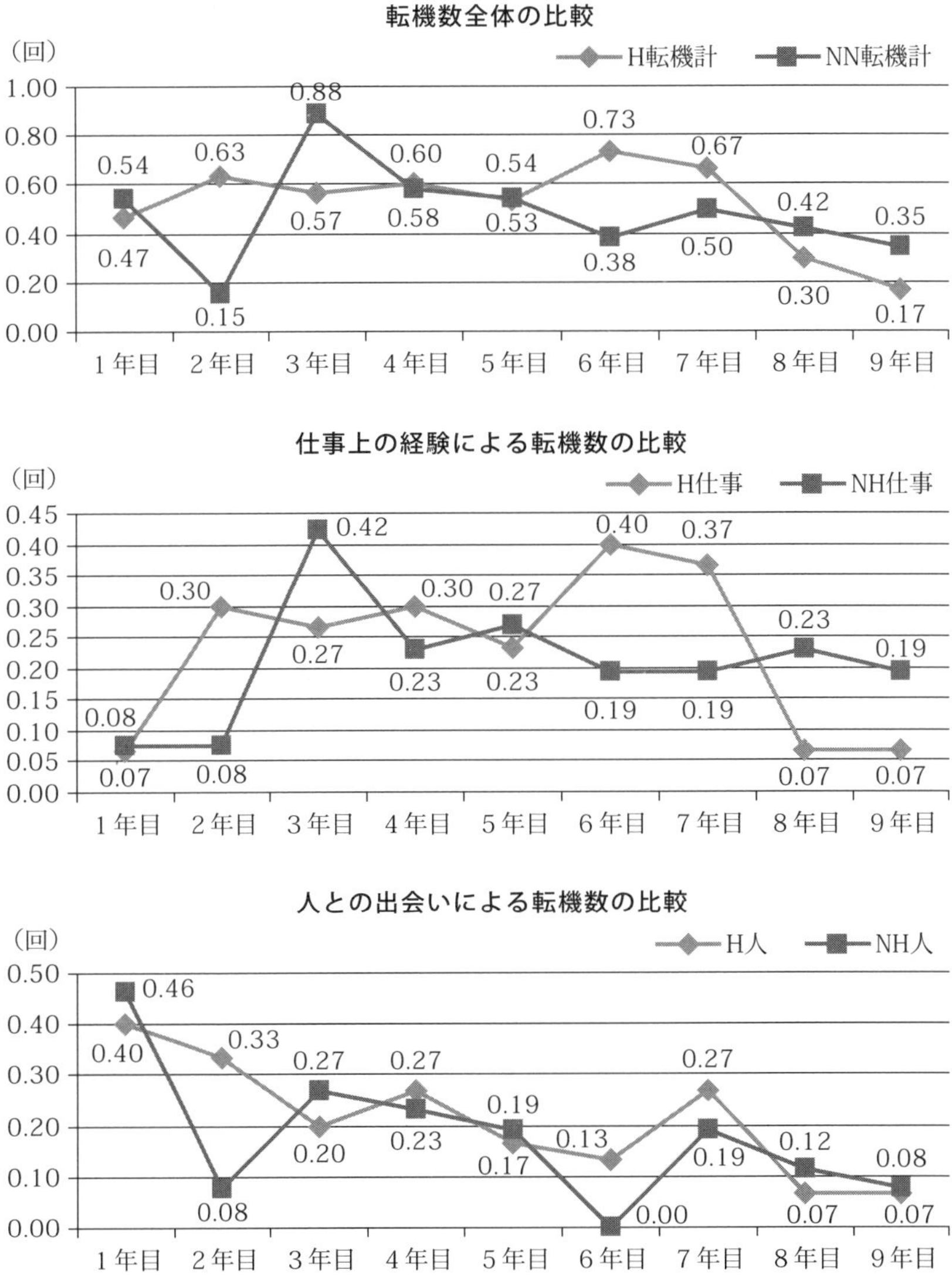

## ◆ノン・ハイパフォーマーが入社2年目に成長の転機の頻度が少ない理由

では、なぜハイパフォーマーに比べてノン・ハイパフォーマーは、入社2年目で成長の転機の機会の頻度が少ないのであろうか。

複数の研究開発部門の人事スタッフらにヒアリング調査したところ、一般的に、研究開発者が新人として1年目に担当する仕事は、プロジェクトチームの中でも周辺的なものである。たとえば、実験結果の測定や特定の解析作業などのやや定型的な作業が少なくない。こうした仕事はやや反復的で単調であることが多く、本人にとっては面白味のないつまらない仕事の可能性が高い。ただし、こうした仕事であっても基本的な仕事への取り組み姿勢などを学習することは期待されている。

そして、入社2年目ともなれば、定型的ではあるが多少は不確実で本人にとってチャレンジャブルな仕事を部分的に任され始める頃である。ところが、入社2年目になっても1年目の新人と同様に扱われてしまい、仕事上の経験や人との出会いによる成長の転機となる機会が与えられないケースも少なくないという。

## ◆仕事の割り当ては入社2年目がカギ

彼らへの仕事のアサイン（割り当て）は、主に上司やプロジェクトリーダーなどの裁量に依存している。実際にはプロジェクトの特質や状況にもよるが、1年目で主体性や責任感などの仕事に対する基本的な態度や取り組み姿勢が不十分であると評価されると、2年目でも新人扱いが続いたりする可能性が高くなるとも考えられる。

また、新規事業開発室などに配属された新人は、そこでの仕事内容が構造化されておらず段階的に不確実で難易度の高い仕事を与えることが容易ではないという。既存の事業活動とは異なり、新たに取り組むような仕事が多い。そのため、先輩や上司も何をすべきかが明確に共有されていなかったり、複雑な仕事を分解して切り分けて適度な仕事を割り当てたりすることも難しいという。

それゆえに、周辺的な雑用をアサインしたまま、段階的に難易度の異なる適切な仕事を割り当てられず、十分に面倒を見ることもできない。その結果、成長の転機となるような仕事や人との関わりの機会は乏しくなる傾向があるという。

ところが、ハイパフォーマーに限定して見てみると、2年目に成長の転機の頻度が極端に少なくなることはない。すなわち、彼（女）らは、2年目で1年目の新人と同様の扱いを受けることなく、早くから成長の転機となる仕事上の経験的学習の機会が与えられていた可能性が高いと考えられる。

## ◆ハイパフォーマーの入社2年目の経験と学習内容

では、技術系ハイパフォーマーの入社2年目の成長の転機となる仕事上の経験と学習内容は、どのようなものであろうか。「社内外での研究成果発表の機会」、「事業部からの依頼研究を一人で担当」、「小さなプロジェクトの主担当」、「海外メーカーとの共同開発」などである。確かに、新卒入社2年目に担当する仕事としては少々難易度が高く、本人にとってチャレンジャブルな仕事の経験である。そして、これらの仕事上の経験などから、組織行動、スタンス、業務知識・スキル、技術スコープなどの多様な学習をしていた。

つまり、入社2年目頃の早期から、こうした本人にとって不確実で困難な仕事上の経験の機会が段階的に与えられる技術者とそうでない技術者とでは、その後の成長プロセスに少なからず影響しているのではないかと考えられる。

## 技術系ハイパフォーマーは、入社直後の初期に技術スコープを拡大する頻度が多い

### ◆初期の技術的スコープの拡大とその後のパフォーマンス

今日の研究開発者にとって、技術的な視野を拡大することは、必要不可欠であろう。しかし、科学技術の発展には高度な専門性が要求され、第一線の技術者の多くは、ますます専門分化した研究開発業務に従事することになる。それゆえに、専門分化された技術だけでなく、技術領域の視野を拡大し、幅広い視点から物事を考察することも重要な意味をもっている。こうした技術的な視野の拡大が、一人前のべ

**図7-8　パフォーマンス別、技術スコープの拡大回数（技術系：一人当たり）**

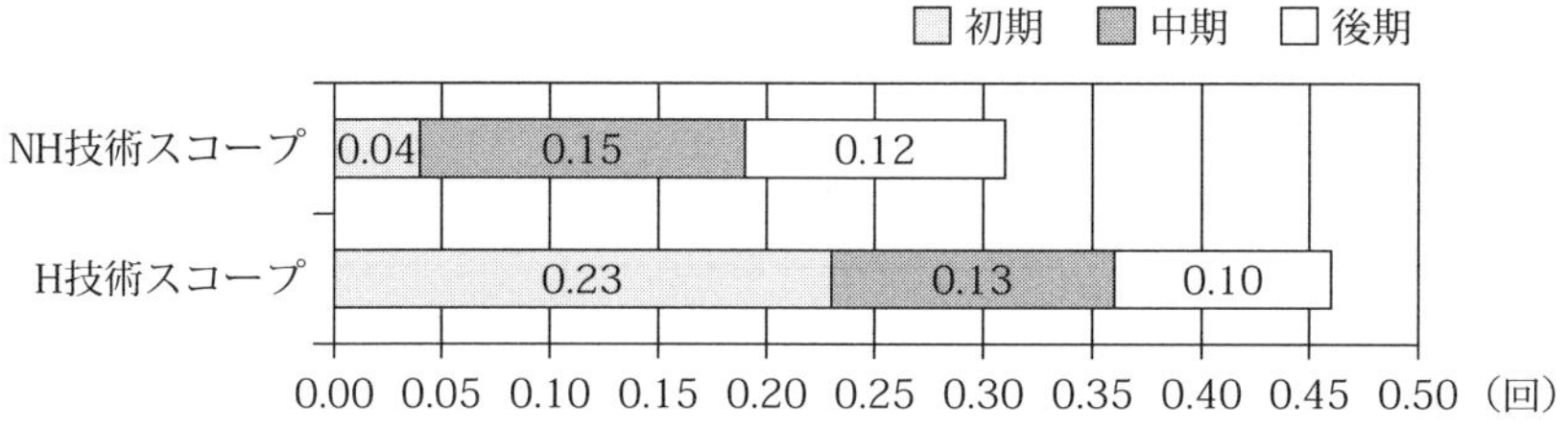


テラン中堅社員に成長したときにパフォーマンスを左右する可能性が高い。

今回の調査では、入社直後の3年間の初期に技術スコープを学習することは、一人前の中堅社員に成長した際のパフォーマンスを左右する可能性が高いことが明らかになった。ハイパフォーマーの約5人に1人は、入社直後の初期に技術スコープの拡大を経験していたが、ノン・ハイパフォーマーは、26人中1人だけだった（**図7-8**）。なお、技術スコープの学習は、技術系に限られており、ロジット回帰分析でも有意性が検証された。

すなわち、入社初期に技術スコープを学習し、専門技術に関する視野を拡大した技術者ほど、一人前の中堅社員に成長した際に、高いパフォーマンスを発揮する可能性は高くなる。

## ◆技術スコープを拡大させる出来事

では、こうした初期の技術スコープを拡大させる成長の転機とは、どのような出来事なのだろうか。

仕事上の経験は、「他部署との交流」や「新たな技術領域の開拓」などが多かった。また、優れた先輩や上司との出会いからも技術スコープ拡大を学習していた。インタビュー調査の中で「（技術的な）引き出しが増えた」という発言に象徴されるように、技術スコープの拡大は、その後の研究開発において、様々な技術的な問題や課題の解決の幅に関係しているのではないかと思われる。

初期の頃に技術的な視野が拡大すると、その後に徐々に不確実な仕事の機会が増えることに伴い、様々な技術的な課題解決が要求され、技術的な知識・スキルを深耕すると同時に視野を拡大させて成長していくのではないだろうか。

いずれにしても、技術系の研究開発の仕事は、高度に専門分化されているがゆえに、視野狭窄になりがちであると言われている。しかし、だからこそ入社直後の初期の頃から、視野狭窄に陥ることなく、専門技術に対する広い視野や幅広い視点から技術を見つめることが重要な意味を持つのではないだろうか。

## 技術系ハイパフォーマーは、6・7年目頃から第一線の研究開発からマネジメント業務にシフトする

今回の調査では、技術系のハイパフォーマーは、6年目から7年目にかけて主に仕事上の経験による成長の転機の頻度が多くなる。しかし、ノン・ハイパフォーマーの成長の転機の頻度にはこうした顕著な頻度の増加は見られず、6年目から9年目までの頻度にほとんど変化はない。

では、この時期にハイパフォーマーの技術者は、どのようなポジションでいかなる役割や成果を期待されているのであろうか。

図 7-9　パフォーマンス別、業務知識・スキルの学習回数
（技術系：一人当たり）

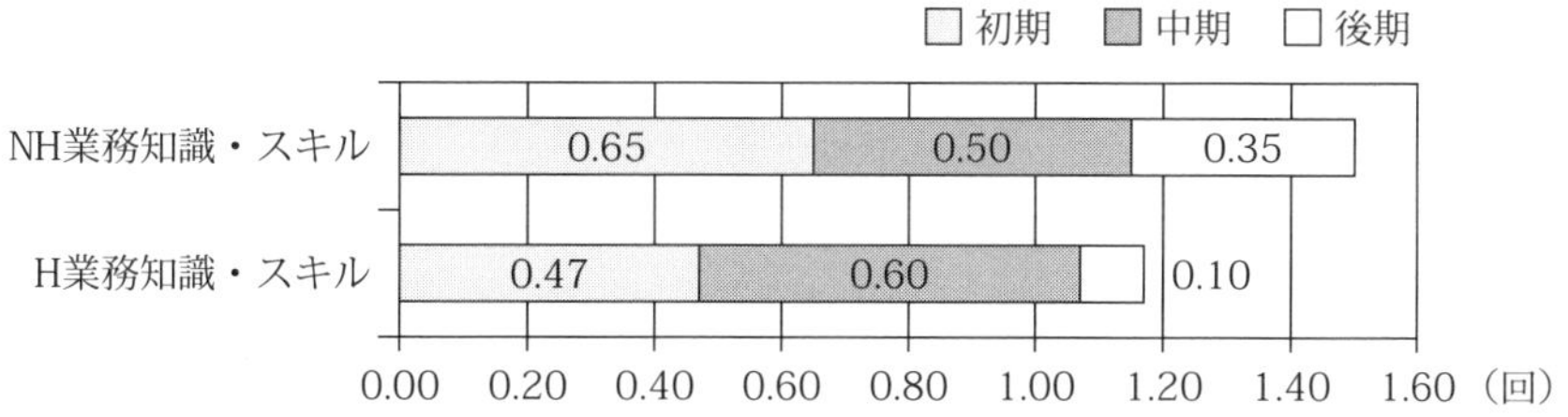


大学院修了の技術系であれば、早ければ5年目頃の中堅社員の時期から主任などへの昇進や昇格の時期となり、プロジェクトチームのリーダーや中核的な仕事を任されはじめる時期となる。

この時期の仕事上の経験について、インタビュー内容から探ってみると、「共同開発や製品開発などのプロジェクトマネジメント」、「社内外の他組織との調整」、「製造部門や海外工場などへの人事異動」、「後輩の指導」などである。それまでの仕事上の経験とは次元の異なる、全社的にも影響力の大きな仕事だが、プロジェクトマネジメントなどの管理的な仕事への挑戦が大半である。

## ◆パフォーマンス別の後期の経験

そして、パフォーマンス別に見ると、後期での仕事上の経験などによって学習した内容に大きな相違が見られる。ノン・ハイパフォーマーよりもハイパフォーマーの方が、後期では専門的な知識やスキルの学習の頻度が圧倒的に少ないのである（**図7-9**）。この結果は、ロジット回帰分析でも有意に検証された。

すなわち、技術系の中堅社員として7年目から9年目の後期に入ると、一人前の中堅社員に成長した際に高いパフォーマンスを発揮する技術者ほど専門的な知識・スキル学習の割合が減少する。ある意味では、ハイパフォーマンスを発揮する一人前の中堅社員は、この頃から第一線の直接的な研究開発業務を卒業してしまうので

はないかと考えられるのである。

ちなみに、今回の筆者の調査とは異なる、製薬企業でのヒアリングによる別の実証研究では、入社7年目前後に研究者としてのキャリアを継続するか否かの分岐点があり、継続する場合、その時点からテーマリーダーに任命され、管理職研究者に向けた育成がなされているという事実も明らかにされている。(37)

つまり、**日本企業において組織的なパフォーマンスの高い一人前の技術系の中堅社員に成長するためには、6年目から7年目頃にかけて、第一線の研究開発から徐々に離れて、プロジェクトマネジメントなどの間接的な研究開発に従事することになるのではないかと考えられる。**

# 第8章

# 事務系若手社員の成長プロセスの特徴

今回の調査の対象となった事務系の職種は、技術系の研究開発に比べて多様である。営業（製薬企業の「ＭＲ（メディカル・リプレゼンタティブ）」を含む）をはじめとして、店舗販売や様々な間接部門のスタッフなどである。また、一般的に、事務系の正社員の多くは、営業からスタッフへなどの職種の異なる人事異動も活発である。それだけに技術系に比べると、早期からジェネラリスト志向が強いと考えられる。

## 事務系若手社員の成長の転機数と学習内容の推移

### ◆転機の頻度は3年目と7年目

まず、事務系若手社員の成長の節目となる転機の頻度について、全体的な傾向を見ると、入社直後の３年間は成長の転機の頻度が急激に増加し、３年目に最多となる。その後、４年目から６年目の頻度は安定的に高止まりしているが、再び７年目

図 8-1　成長の転機の経年推移（事務系）

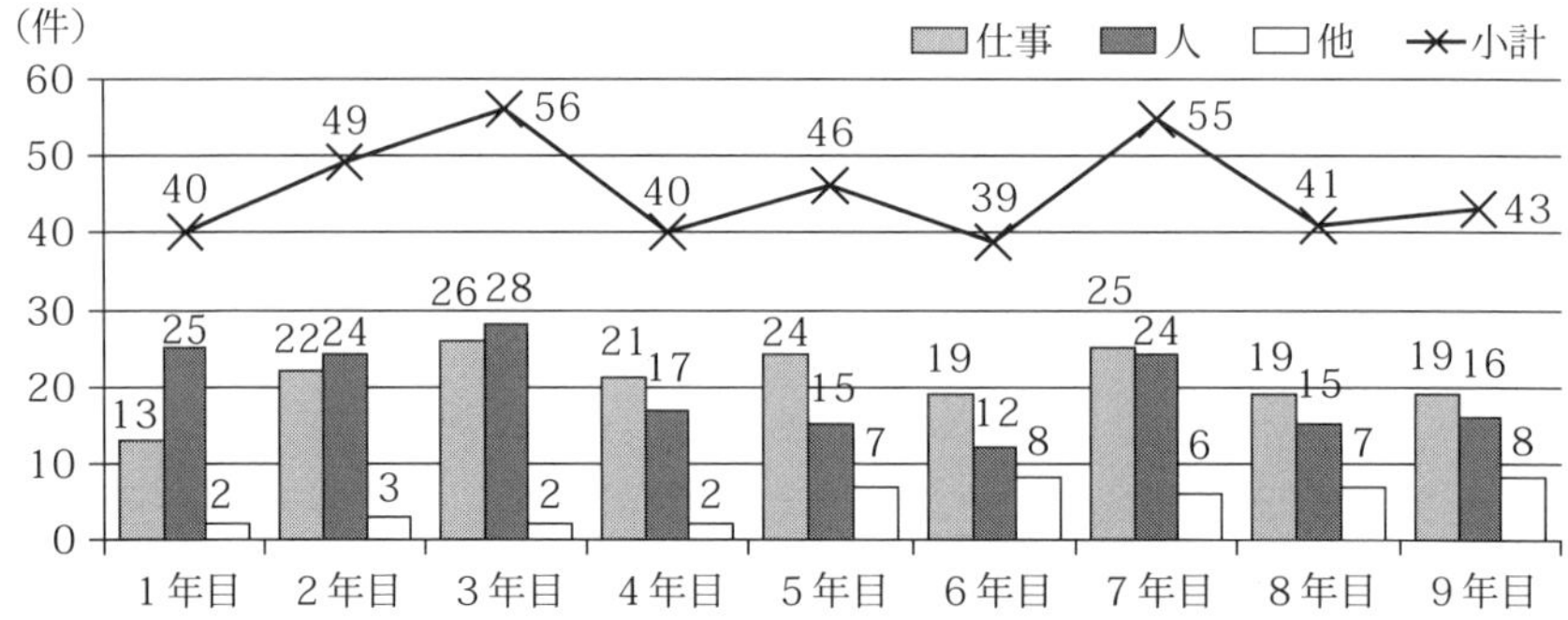


に急増し、8年目以降は減少してしまう。すなわち、入社3年目と7年目にふたこぶラクダのようなピークが存在し、それ以外の時期とは異なる推移を示している（図8-1）。

### ◆時期区分別の特徴

初期、中期、後期という3つの時期別に成長の転機の出来事の種別を見てみると（図8-2）、初期は人との出会いが多く、中期と後期は仕事上の経験の割合が最も多い。こうした傾向は技術系と共通した傾向でもある。

また、仕事上の経験による転機数は、初期から中期、後期にかけてほぼ同数で推移する。他方、人との出会いによる転機は、初期が突出して多いが、中期には激減し、後期になると再び増加する。また、その他の転機は初期から中期、後期にかけて徐々に頻度が増加する（図8-3）。

### ◆時期区分別の学習内容

次に、成長の転機から学習した内容を時期別に見てみよう（図8-4）。技術系と同様に、すべての時期においてスタンス（態度）の学習の割合が最も多く、同時期の業務知識や組織行動に比べても約1・5～2倍の違いがある。

また、これらの3つの学習内容は、初期や中期に比べて後期になると徐々に

図 8-2　時期区分ごとの成長の転機数の内訳（事務系）

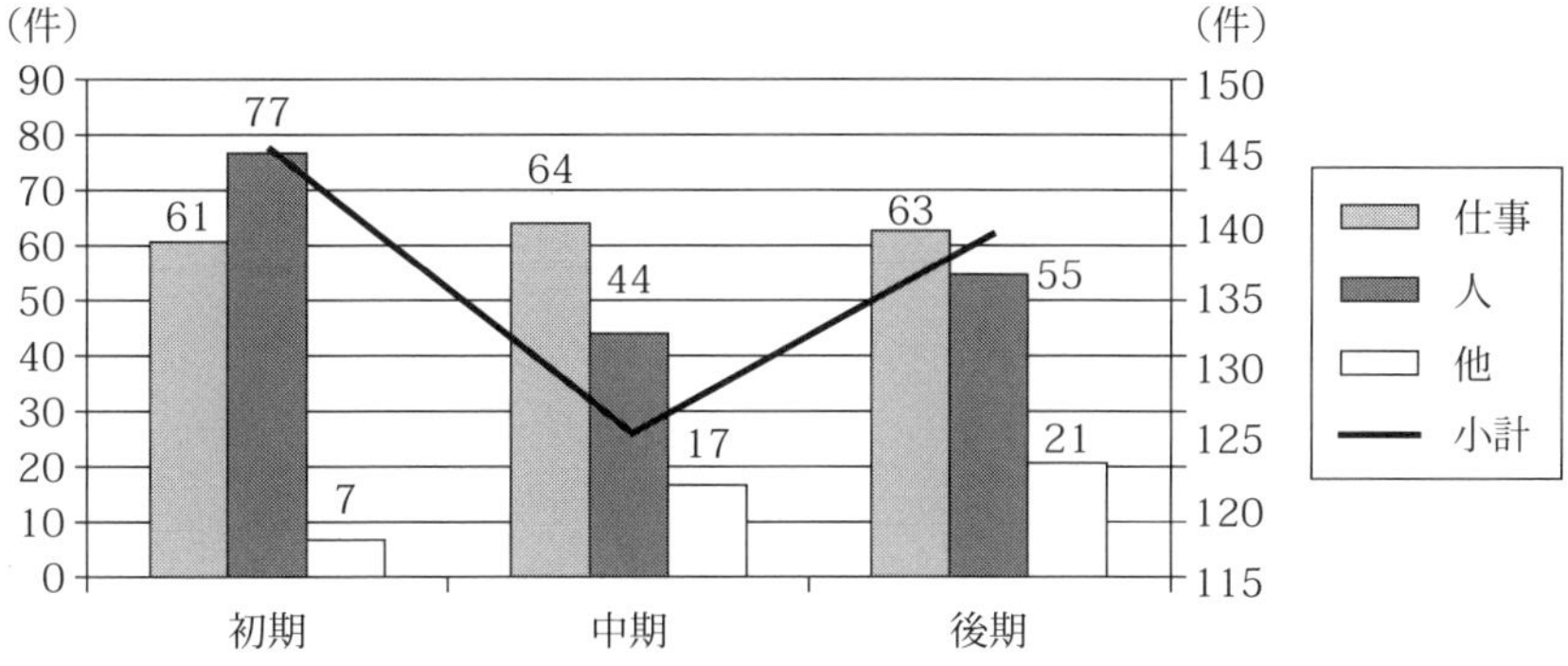


図 8-3　成長の転機数の時期区分別の内訳（事務系）

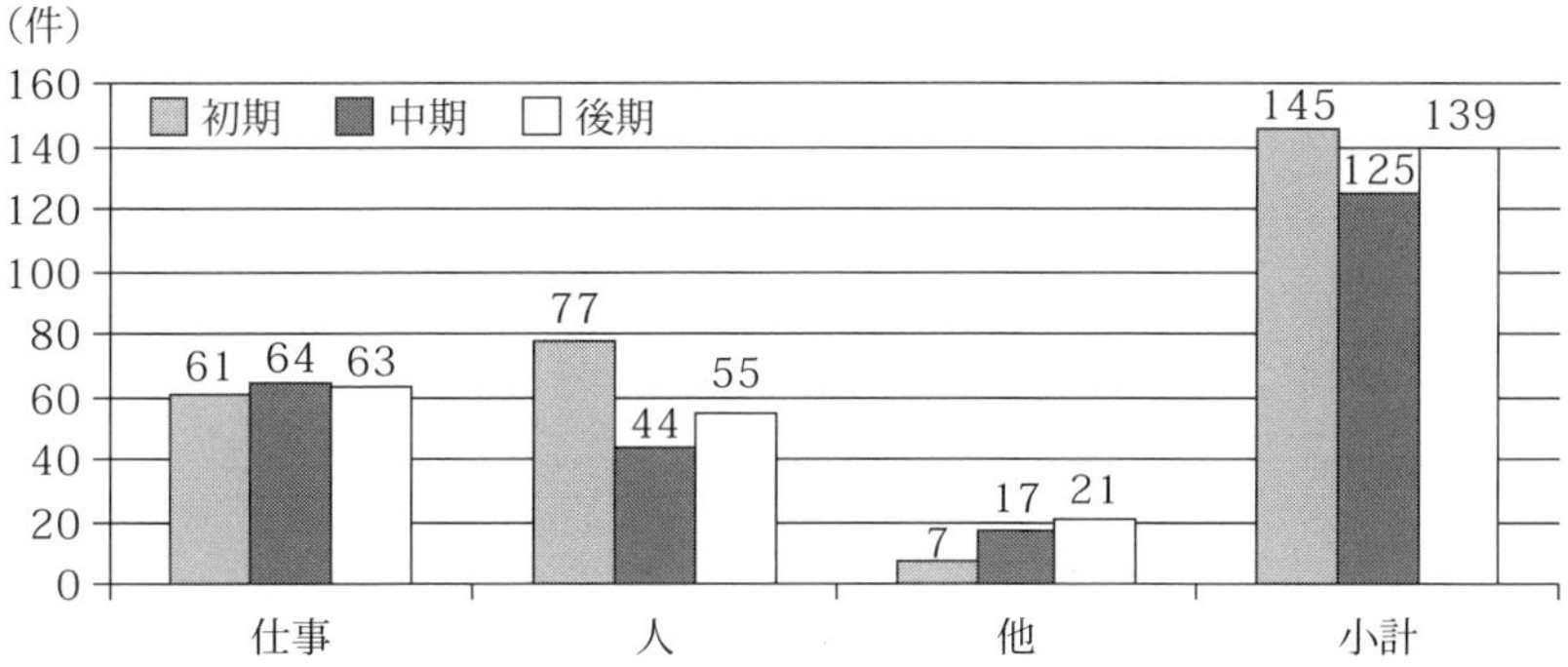


図 8-4　学習内容の時期区分別構成（事務系）

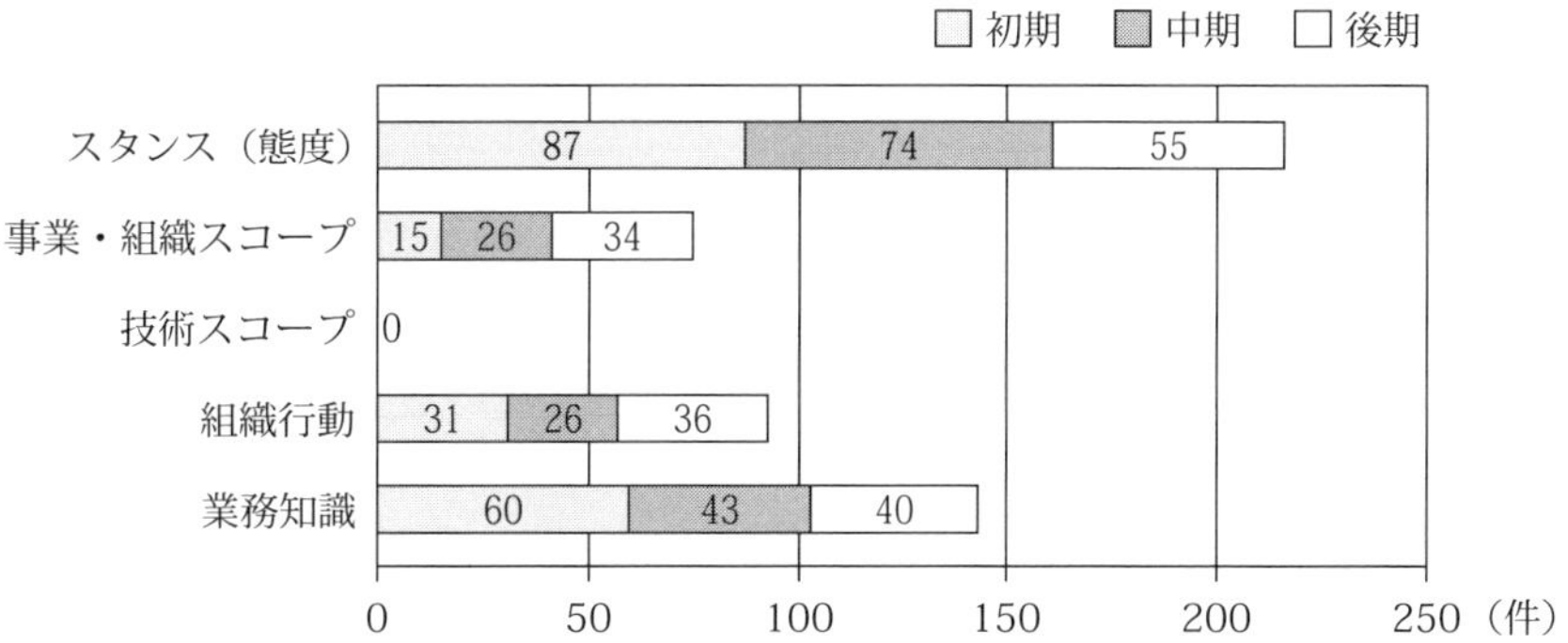

減少するが、組織行動は後期の頻度が最多となる。他方、事業・組織スコープは初期から中期、後期にかけて徐々に頻度が増加する傾向が見られる。なお、事務系については、技術系を対象とした専門的な技術スコープは対象外となる。

つまり、入社直後の初期の頃は、どちらかといえば仕事上の経験よりも人との出会いによって、主にスタンスを中心として業務知識・スキルや組織行動を多く学習する。そして、中期から後期にかけて、人との出会いよりも仕事上の経験から、初期とほぼ同様に主にスタンスや業務知識・スキルなどを多く学習するが、後期になると減少する傾向が見られる。ただし、組織行動は後期の頻度が最多となる。また、事業・組織スコープは、中期から後期にかけて顕著に増加する傾向が見られる。

## 事務系の若手社員は、先輩よりも上司との出会いによる成長の転機の頻度が多い

事務系の人との出会いによる成長の転機の相手に関して、先輩が24％に対して、上司が60％を占めていることが特徴的である（図8-5）。先に述べた技術系とは全く逆である。事務系は、先輩よりも上司からの影響を受ける頻度が圧倒的に多い。

では、事務系は、成長の転機となる上司や先輩などから、いつ頃、何を学習して

図 8-5　人との出会いの相手（事務系）

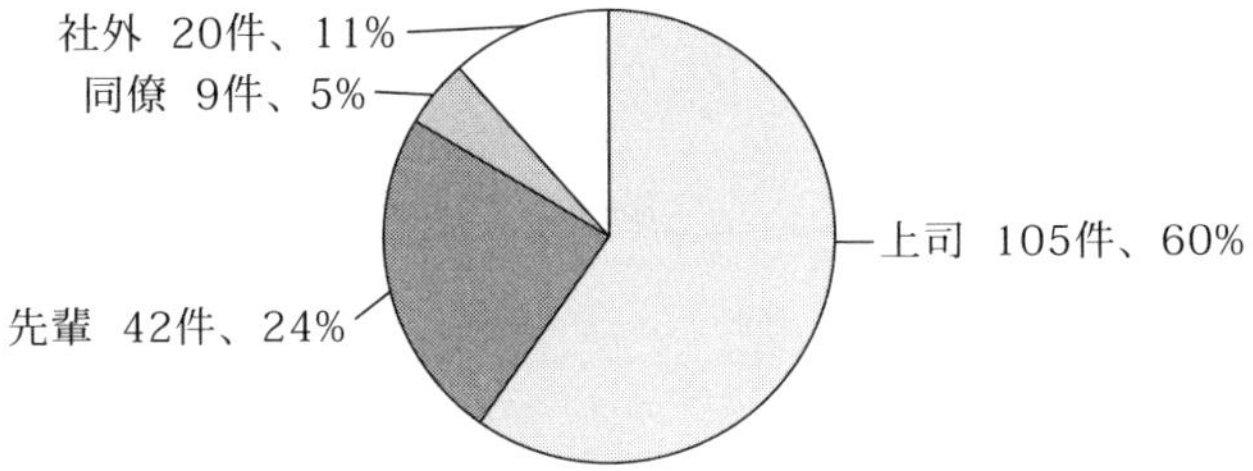


いるのであろうか（図8-6）。

### ◆上司・先輩からの学習内容

まず、成長の転機となる上司からの学習内容は、全体的に見ると、スタンス（５４件）が圧倒的に多数の頻度を占めている。次いで業務知識・スキル（３９件）と組織行動（３２件）および事業・組織スコープ（１４件）が続く。

他方、成長の転機となる先輩から学習する内容は、圧倒的に業務知識・スキル（２８件）が多く、次いでスタンス（１９件）や組織行動（６件）などが続く。

### ◆成長の転機となる時期

こうした上司や先輩が成長の転機となる頻度の時期は、やはり初期に集中する傾向がみられるが、上司は中期から後期にかけてもそれほど逓減することがない。むしろ後期になると中期よりも頻度が増加する傾向もみられる。とりわけ上司から学習する事業・組織スコープの学習は、後期の頻度が最多となる。

いずれにしても、**事務系は、先輩よりも直属の上司が成長の転機となる頻度が多い。上司からは、仕事への取り組み姿勢などのスタンスに関する薫陶を受ける割合が非常に多く、次いで業務知識や組織行動を学習する機会が多い。**また、こうした

図 8-6　人との出会いによる転機の相手別の学習内容と時期（事務系）

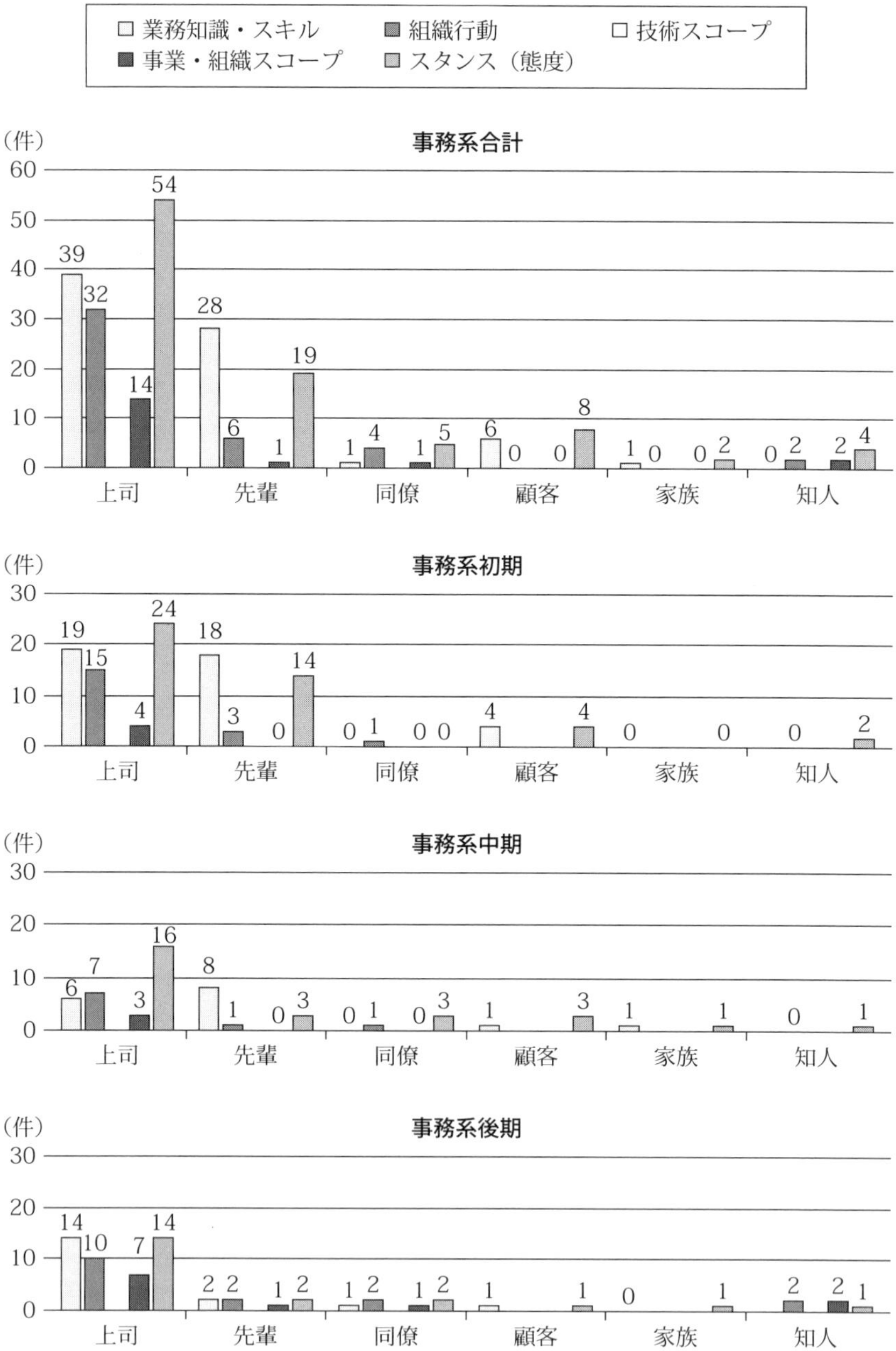

図8-7　成長の転機となる社外の相手の内訳（事務系）

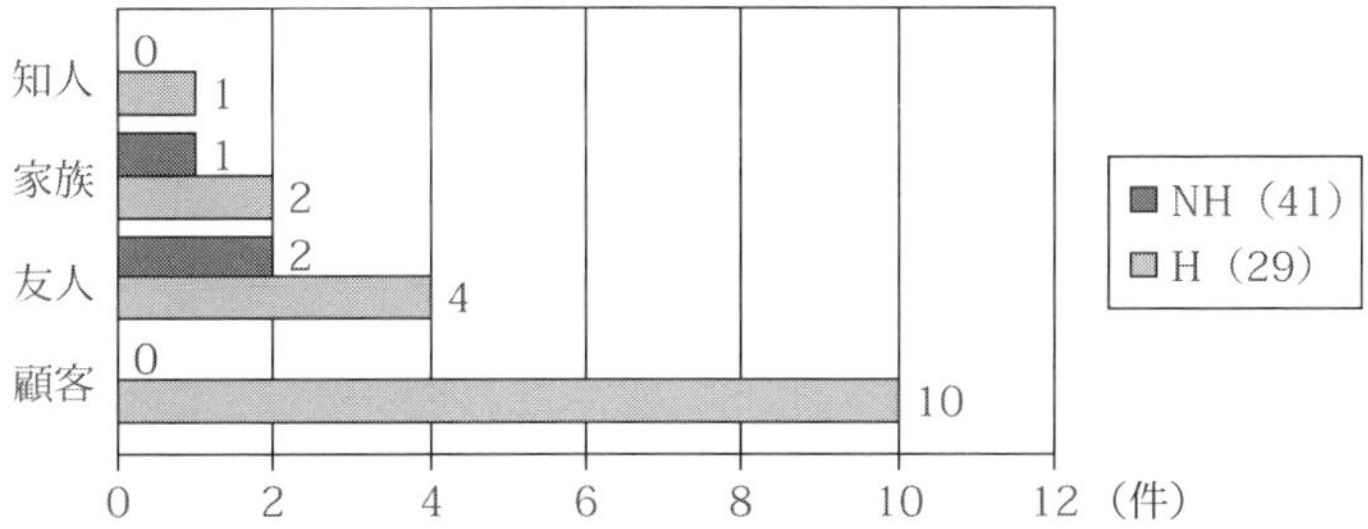


機会は、初期に集中するが、中期から後期にかけても一定の割合で維持しており、一人前になるまで影響を与え続ける頻度が少なくない。とりわけ後期では上司から学習する事業・組織スコープの学習の頻度が最多となる。他方、先輩からは、スタンスよりも業務知識・スキルを学習する割合がやや多いが、その時期は大半が初期に集中している。

## 事務系（営業職）ハイパフォーマーは、顧客との出会いによる成長の転機の頻度が多い

今回の調査の中で、社外の人との出会いによる成長の転機の相手に顧客が含まれるケースは全部で１０件だったが、全員が事務系の営業職のハイパフォーマーだった。顧客との出会いによる成長の転機での学習内容は、スタンス（態度）が８件で、業務知識・スキルが６件だった（図8-7）。

インタビュー内容から得られた顧客の特徴は、厳しい顧客や面倒見の良い顧客が大半である。彼らとの密接な付き合いの中から、顧客のニーズや期待などを深く理解し、顧客の視点で物事を考え、顧客とはどのように向き合うべきか、ということなどを学習していた。そして、こうした学習の時期は、初期から中期にかけて集中している。

つまり、営業職にとって、初期から中期にかけて、顧客から学習する機会は非常に貴重なものであり、営業職としての顧客への対応のあり方などの行動規範や価値観に関係するスタンスや深い業務知識・スキルを学習する絶好の機会となっているのではないかと思われる。

## 事務系ハイパフォーマーは、3年目と7年目に成長の転機の頻度が多い

事務系のハイパフォーマーは、ノン・ハイパフォーマーに比べて、3年目と7年目に、成長の転機の一人当たりの頻度が多い（**図8-8**）。とりわけ7年目は、主に仕事上の経験による成長の転機の頻度が多い。他方、ノン・ハイパフォーマーは、2年目以降の成長の転機の頻度は平準化されており、こうした顕著な特徴がみられない。

では、事務系のハイパフォーマーの3年目と7年目に成長の転機をもたらす仕事上の経験とは、どのようなものであろうか。

### ◆3年目の成長の転機となる経験と相手

まず、3年目の仕事上の経験の大半は、「仕事上の失敗や挫折を克服した経験」

**図 8-8　パフォーマンス別、成長の転機数の比較（事務系：一人当たり）**

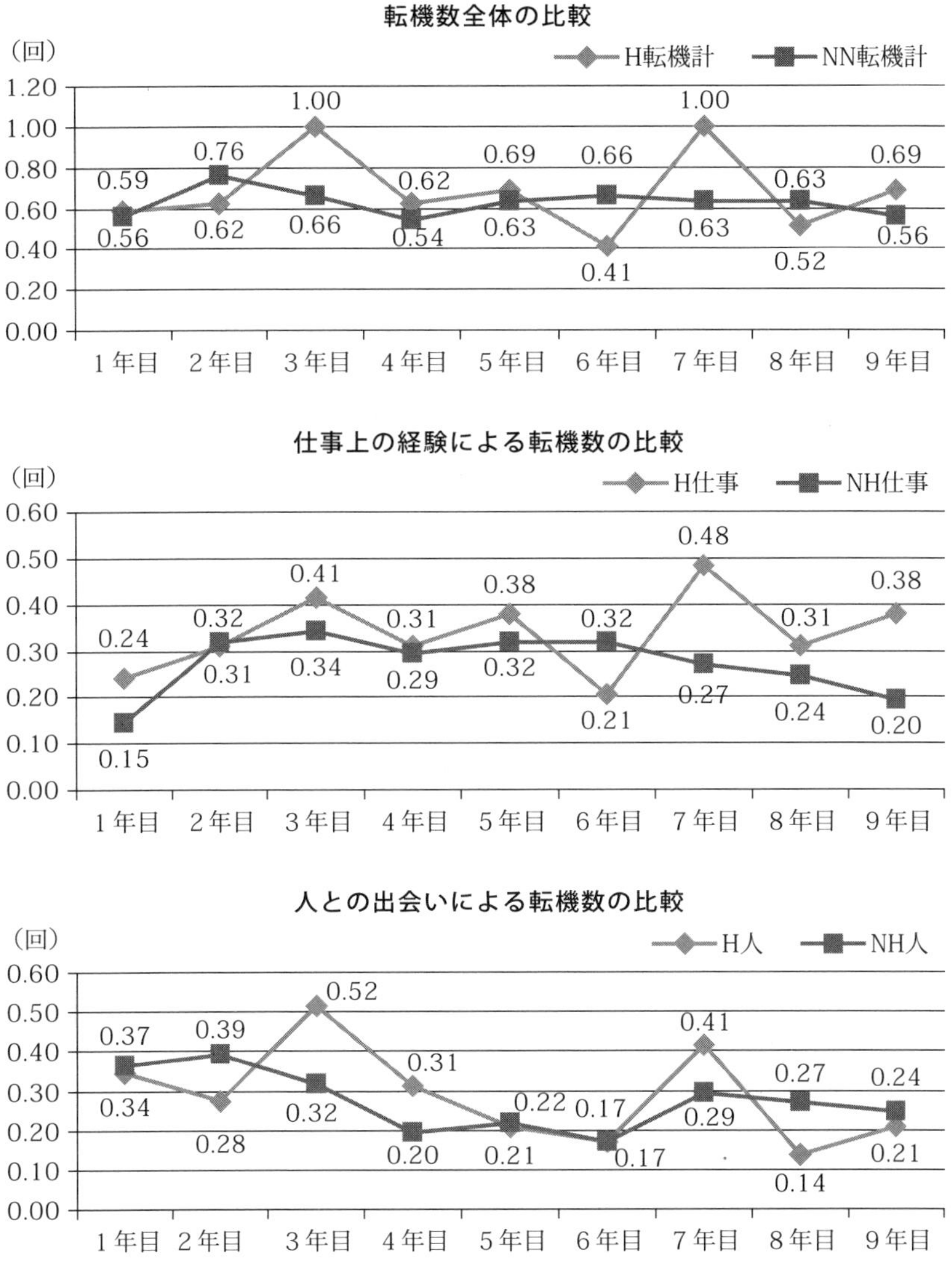

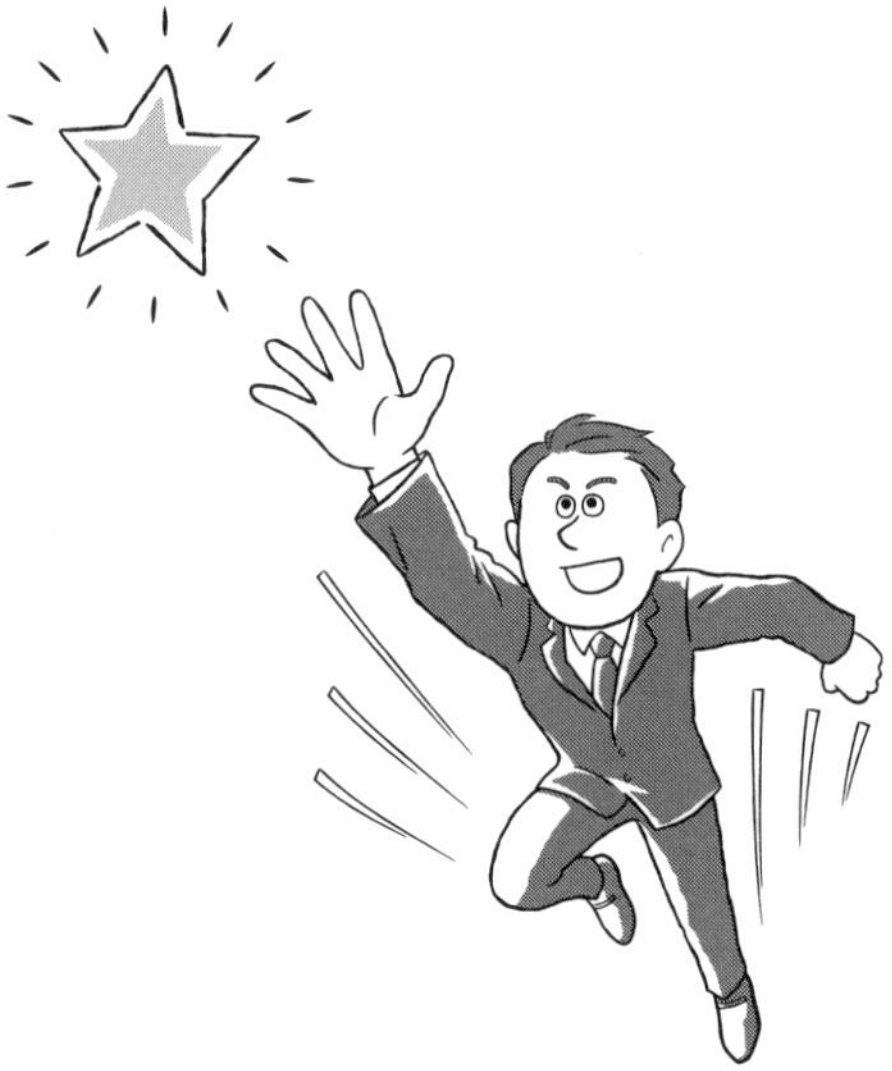



と「新たな仕事の経験」に集約される。仕事上の失敗や挫折には、様々な要因がみられるが、営業職では顧客との関係に起因するものが少なくなかった。また、新たな仕事の要因は、人事異動をはじめとして、担当する顧客や業務の変更に伴うものであり、本人にとっては新たな挑戦的な仕事である。そして、こうした仕事上の経験から、主に基本的な取り組み姿勢などのスタンスと業務知識・スキルを学習していた。

また、3年目の人との出会いによる成長の転機の相手は、上司が大半を占めている。その上司から学習した内容も、主に基本的な仕事の進め方などの業務知識・スキルと基本的な態度や取り組み姿勢などのスタンスが大半を占めていた。

### ◆7年目の成長の転機となる経験

他方、7年目の仕事上の経験では、「挑戦的な仕事の経験」が大半である。この時期の挑戦的な仕事の経験の要因は、「海外赴任」、「海外での新規事業の立ち上げ」、「不振店舗の再建」、「重要な顧客の開拓」など、組織的にも影響力の大きな困難な仕事が大半を占めていた。

一般に日本の大手企業などでは、事務系は入社7年目頃が主任などへの昇進や昇格の時期であり、それまでとは次元の異なるスケールの大きな仕事や全社的なインパクトの大きな仕事などを任される時期でもある。こうした仕事上の経験による成長の転機が、さらなる成長に向けた飛躍へのドライビングフォースになっていると考えられる。

## 事務系ハイパフォーマーは、中期から後期にかけて事業・組織スコープが拡大する頻度が多い

今回の調査の中で事務系のハイパフォーマーに特有の最も顕著な特徴は、中堅社員としての中期から後期にかけて、事業・組織スコープを拡大する学習の頻度が顕著に増加することである。他方、ノン・ハイパフォーマーにはこうした際立った特徴はみられない。そして、その際の成長の転機は、人との出会いによる転機よりも、仕事上の経験による転機の方が多い。

とりわけ、事務系の中でもハイポテンシャル採用企業に限定してみると、こうした傾向がより顕著に見られる（**図8-9**）。ここでのハイポテンシャル採用企業とは、新卒採用者の大半が、入学試験の偏差値の高い難関大学と言われる大学の卒業者で占められる、いわゆる日本のエリート企業である。今回の調査では、事務系の金融

図 8-9　パフォーマンス別、事業・組織スコープの拡大回数（事務系：一人当たり）

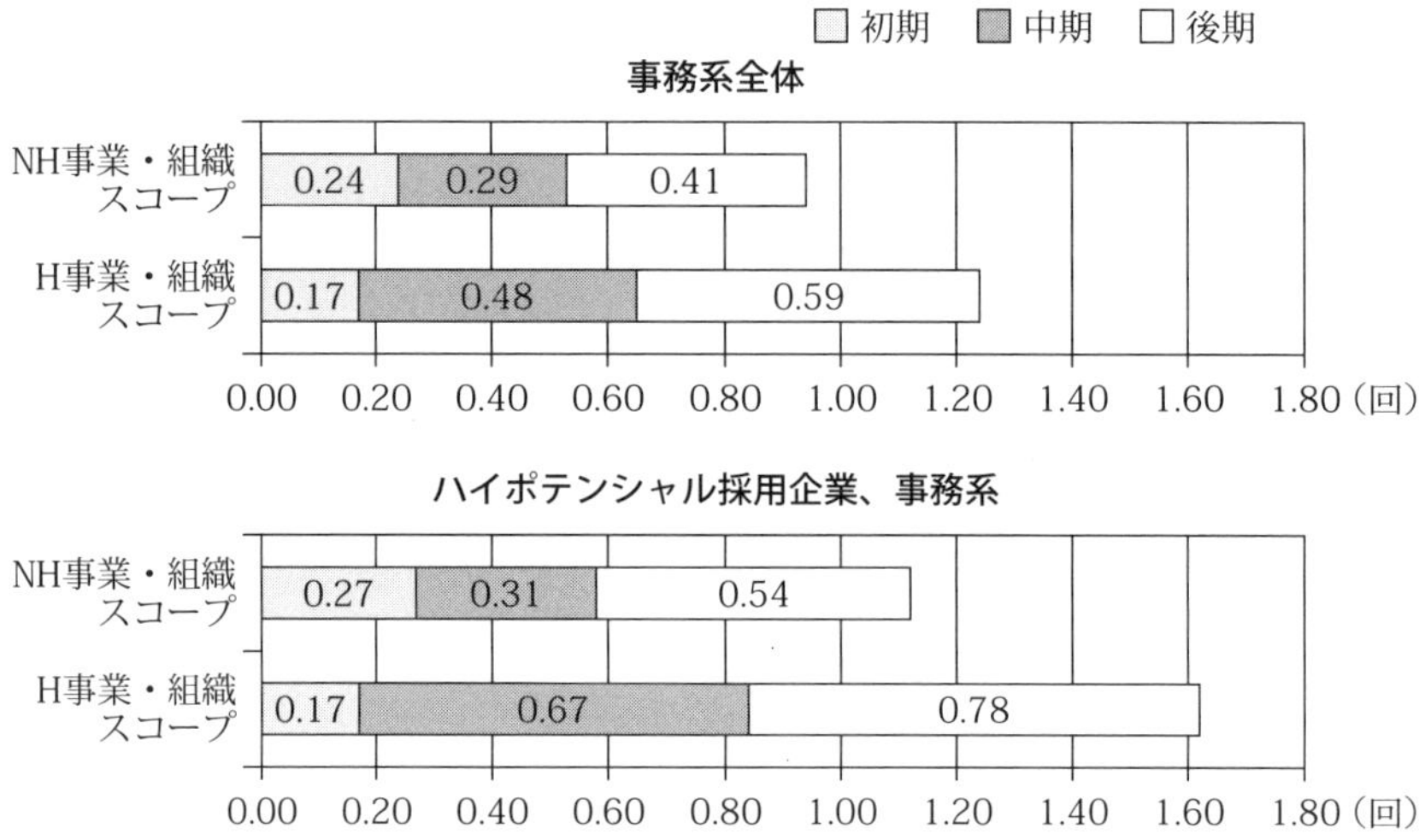


証券、情報メディア、総合商社の３社４２名が対象となる。

## ◆事業・組織スコープを拡大させる要因

では、事業・組織スコープを拡大させる機会となった出来事は、どのような出来事による成長の転機なのであろうか。

中期から後期にかけて、事業・組織スコープを拡大する仕事上の経験として、人事異動や担当する仕事の変更などによって、それまでとは次元の異なる視野の拡大を伴う挑戦的で困難な仕事の経験などが圧倒的に多い。具体的には「新規事業プロジェクトの立ち上げ」、「海外での新商品の販売の立ち上げ」、「辛い人員削減」、「本社スタッフへの異動」などである。たとえば、「海外に赴任して新たな事業を立ち上げる経験によって、営業から財務まで多種多様な対応が要求される中で、事業に対する責任感や事業意欲が高まった」などである。

また、事業・組織スコープを拡大させる人との出会いの相手は、圧倒的に優秀な上司（経営幹部などの間接的上司を含む）が多い。こうした上司から長期的な視点で物事を考察したり、グローバルな視点で事業や業界を俯瞰したりするなどの薫陶を

図 8-10　パフォーマンス別、スタンス（態度）の学習回数
（事務系：一人当たり）

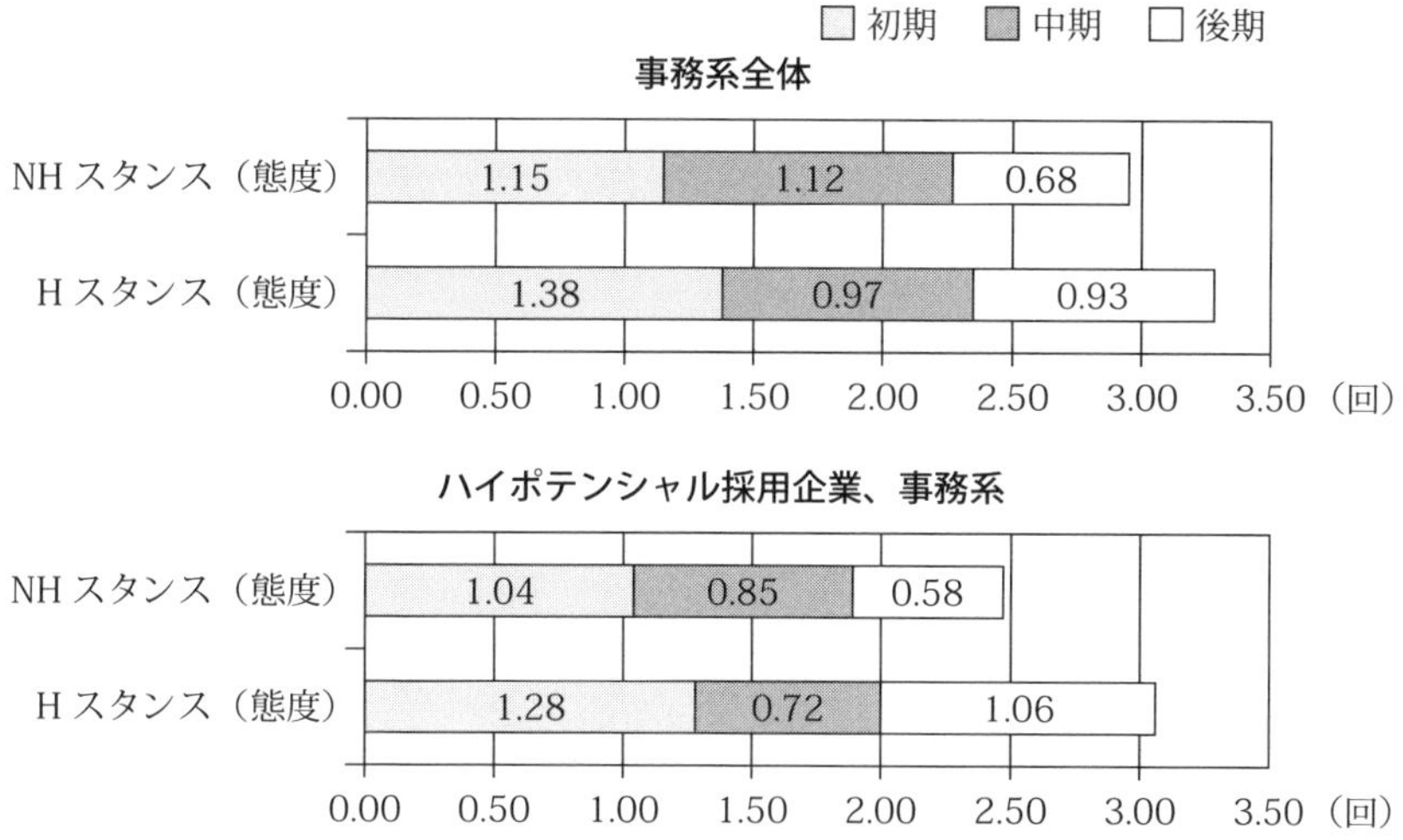


受けている。たとえば、「経営幹部から、考え抜くことの重要さという仕事のスタンスを学習し、会社の組織的な歴史からも事業と組織のスコープが拡大した」という。

いずれにしても、とりわけ事務系のハイパフォーマーは、中期から後期にかけて目先の担当業務だけでなく、大局的に事業や組織全体を見渡すような、上位階層の管理職や経営者の視点で物事を理解して考察するような広い視野を習得することが少なくない。

## 事務系ハイパフォーマーは、後期にもスタンスを学習する頻度が多い

最後に、事務系のハイパフォーマーに共通する特徴の一つとして、後期にもスタンスを学習する頻度が多い（図8-10）。一人当たりの学習内容の頻度を比較すると、0・25ポイントも差異が生じている。とりわけハイポテンシャル採用企業の事務系に限定してみると、0・48ポイントに拡大し、こうした傾向はより顕著に見られる。

また、こうした学習の機会は、上司などの人による成長の転機による頻度が多い。とりわけ事務系ハイパフォーマーは、後期に人との出会いによる成長の転機の頻度が多いことがロジット回帰分析でも有意差が検証されている。では、事務系のハイパフォーマーは、具体的にどのようなスタンスをより多く学習しているのであろうか。

### ◆後期のスタンス学習内容の具体例

この時期の学習に特徴的なことは、一般的な仕事に対する取り組み姿勢としてのスタンスだけでなく、社内外の研修や優れた上司や社外の人との交流を通して、自分自身のキャリアにおける成長志向や生き方を見直す内容が少なくないことである。たとえば、「特定の顧客から、30歳を過ぎての人生の生き方やリーダーシップを教わった」、「スーパージェネラリストというキャリア志向を考えるきっかけを与えてくれたことで、自分自身のキャリア・スタンスが明確になった」、「自信を喪失して挫折したが、自分らしくできることからやればいいと開き直って取り組んでから仕事が順調になった」などである。

新卒入社後の7年目から9年目に相当する後期は、ベテランの中堅社員として組織的にもインパクトのある仕事を通して組織に大きく貢献する時期だが、ワークライフ上の様々な出来事も増え、自分自身の将来的なキャリアのあり方や生き方を自問自答する時期でもある。こうした時期に責任の重い仕事を担い、自らのキャリアや生き方を再確認して成長志向を高めることが、高いパフォーマンスを発揮する中堅社員にとって重要な意味をもつ可能性は高いのではないかと思われる。

第9章

# 日本企業の若手社員が一人前の中堅社員に成長するための要件

## 入社直後のリアリティ・ショックを回避するための現実的な仕事のプレビュー

### ◆就職活動は学生にとっても企業にとっても大きな負担

毎年のように就活シーズンが本格的に始まると、日本の大学では学生が神隠しにあったかのように教室から姿を消す。多くの学生にとって就職活動は、自分の将来的な職業人生を大きく左右する一大イベントである。最近は、学生が希望する何十社もの会社にエントリーシートを提出し、最終的に内定するまでに数回の面接を経て選考されるという。こうして学生側も企業側もたいへんな労力と経費を注ぎ込んでいる。

### ◆新卒者の高い離職率

ところが、２０１６年の厚生労働省の雇用保険被保険者の記録による新卒者の離

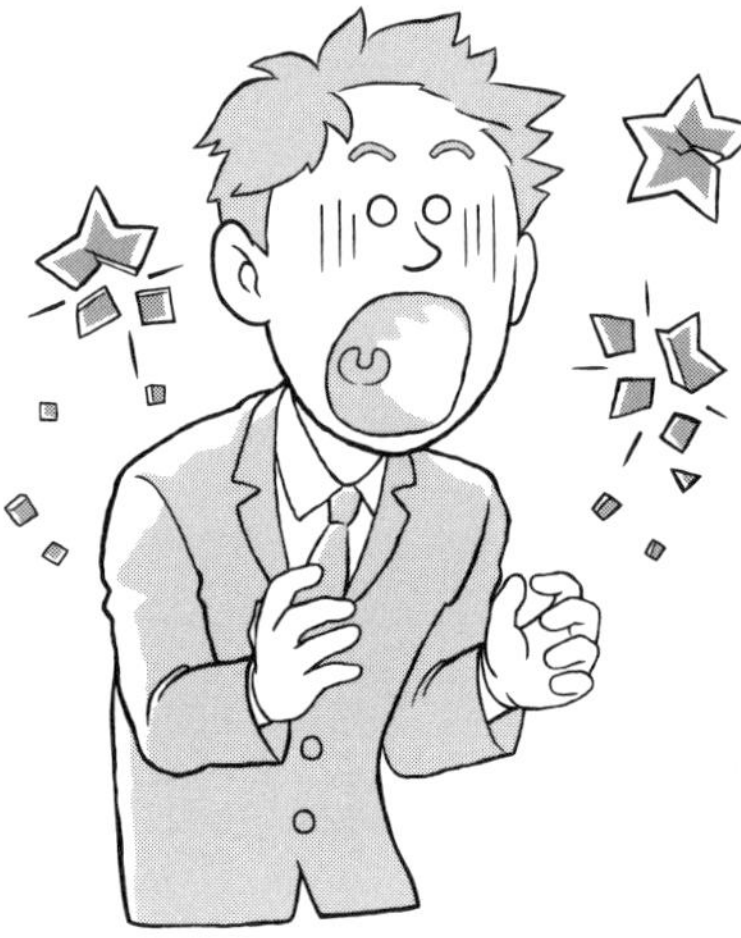

職状況調査によれば、入社3年目までに離職した大卒は31・9％に達し、とりわけ入社1年目では12・8％が離職している。[38]こうした状況は、以前より「新卒離職の『七・五・三』現象」などと呼ばれてきた。すなわち、中卒であれば7割、高卒は5割、大卒は3割の新卒が入社3年目までに離職することを意味している。

就職氷河期と言われていた1990年代後半であれば、離職者の多くが希望する会社に入社できなかった不本意就職が大きな要因の一つだったかもしれない。しかし、2010年代後半の売り手市場といわれる人手不足の時代でも入社直後の離職者は大きく減少していない。むしろ、売り手市場だからこそ、容易に転職してしまうのかもしれない。

## ◆離職の原因は会社のイメージと実態のギャップ

では、どうして入社から1年足らずで1割もの大卒が退職するのであろうか。これまでの若年者の早期退職の理由で最も多い理由は、「個人的理由（健康・家庭の事情など）」42・3％および「採用時のミスマッチ」42・0％であった。[39]採用のミスマッチの原因は、入社前の会社や仕事のイメージと入社後の実際の会社や仕事の実態とのギャップが最大の要因である。

多くの日本企業では、大学生の採用活動での青田買いは珍しいことではない。毎年のように優秀な学生の争奪戦が繰り返されている。しかし、こうした売り手市場での短期間の就職活動は、学生にとって不都合な仕事の現実を理解する機会を阻害することが懸念されている。採用担当者は、学生の採用に必死になることから、不都合な仕事の実態などを伝えることを忌避するための「白いウソ」（事実を偽って伝えることは「黒いウソ」と呼ばれて区別される）[40]が多くなりがちになるからである。

他方、就職活動中の大学生の側も、就職活動に翻弄されて浮足立っている。短期決戦で大手企業などからの内定を獲得することが目的となり、知名度の高いブランド企業志向に拍車がかかっている。十分に会社や仕事の精査もせずに安易にエントリーシートを提出し、内々定を獲得することが目的化した学生も少なくない。

## ◆就職動機は「自分の能力を発揮させたい」

ところが、今日の学生の意識は、先にも触れたように自分の能力を発揮したいという仕事志向が高いことが特徴である。にもかかわらず、志望企業の中で具体的にどのような仕事を担当し、そこで要求される知識やスキルおよびスタンス（態度）がどのようなものなのかを理解することは決して十分ではない。多くの学生にとって、具体的な仕事のイメージは、学生時代のバイトとマスコミでの報道やドラマに登場する一部の偶像的なイメージの延長線でしかない。自分の能力が社会的にどのような価値があり、志望する会社で求められる人材像にフィットするのか、ということを自ら確認することも容易ではない。

結局のところ、就活情報サイトからの断片的な情報に不安を募らせながら、最終的に内定をゲットした会社の中から最善だと思われる会社に就職してしまうことが現実である。

こうして入社前に現実的な仕事の理解が進まないままに、入社後に仕事で自分の能力を発揮することにこだわってしまうと、新入社員の多くがリアリティ・ショックを経験する可能性が高くなると推測される。とりわけ入社直後の新人が担当する仕事は、定型的で反復的な仕事が大半を占めていることから、入社前の漠然と活躍しているイメージと現実とのギャップは少なくない。

## ◆入社直後のリアリティ・ショックが成長に影響を及ぼす

今回の調査結果で明らかになったことは、こうした入社直後のネガティブなリアリティ・ショックは、その後の成長プロセスに悪影響を与える可能性が高いことである。入社直後の仕事を中心とするリアリティ・ショックは、「心理的成功サイクル」とは逆の「負の心理的成功サイクル」を引き起こす可能性が高いと考えられる。

冒頭の「はじめに」で紹介したように、多くの職場では新人などの若手に対して、上司から学習意欲や主体性が感じられないというレッテルが貼られている。とりわけ、リアリティ・ショックを経験した新人は、入社直後に仕事への不適応感や意欲低下の可能性が高く、こうしたレッテルの典型として見られてしまいがちである。

### ◆ネガティブなリアリティ・ショックの回避方法

では、こうした入社直後のネガティブなリアリティ・ショックを回避するためには、どうすべきなのだろうか。

最も効果的な方策は、入社前の「現実的な仕事のプレビュー」(Realistic Job Preview) であろう。入社する前に現実的な仕事の内容を下見するなどして理解を深めることである。入社前にその組織や仕事を十分に理解することによって、入社後によりスムーズに組織に馴染み、仕事に適応して本人の職務満足感が高まる。新人の組織や仕事への適応は、すでに入社前から予期的に始まっているのである。(41)

昔から、大学生の就職活動時の直接的な企業情報の収集機会は、会社説明会などの公式的なイベントや人事採用担当者からの説明だけではなかった。非公式に出身大学のOB訪問などが活用されてきた。出身大学のOBであれば、学生本位に立って採用担当者の「白いウソ」を暴いて仕事の実態を教えてくれることが少なくないからである。しかし、希望する会社に同じ大学出身の若手などの年齢の近いOBが存在して面会してくれる確率は高くない。そのため、OB訪問が可能な会社は極めて限定されてしまう。

## ◆インターンシップの活用とその是非

そこで、今日、インターンシップ（職場体験実習）がビジネスの世界でも注目されている。実際の職場で仕事を疑似体験することによって、より具体的な仕事のイメージを高めることが期待されている。文部科学省もこうした制度を社会との接点や接続に必要な学校教育の一環として奨励している。実際に、多くの大学では履修条件に必要な時間数を定めて、課外授業としての単位化を実施している。

実際の仕事に近い体験をするとなれば、最低でも数か月間は必要となる。その結果、学生側の時間コストの負担も大きいが、同様に学生を受け入れる企業側の負担も大きい。そこで、実際には学生に特定のテーマを与えて1週間から数週間程度で実施されることが多い。

ところが、最近、明らかに新卒採用の青田買いを目的とした、名ばかりのインターンシップを活用した選考も少なくない。大学3年生の夏休みなどを活用して、インターンシップ活動そのものが、優秀な学生の青田買いの選抜の機会として利用されることが懸念されている。

いずれにしても、こうした施策は、学生にとっても企業にとっても、双方の負担が大きい。今日の日本では、多大なコスト負担に見合うだけのメリットは、必然的に就職や採用に結びつくことにならざるを得ないと考えられる。

## ◆ヨーロッパでは長期のインターンシップも

ヨーロッパの大学では、大学生が在学中に1年以上もの長期間、本格的な仕事を経験する長期的なインターンシップも珍しくない。日本のように、大学とビジネス社会との接点が、就職活動中の短期間に限定されない仕組みができあがっている。大学と社会との境界線が薄く、それだけ大学が社会に対して開かれている。実際に、欧州の大学生の在学期間は、5〜6年間であることも珍しくない(42)。

これまでの日本の大手企業では新卒採用にこだわる傾向が強かったが、卒業後3年以内の第二新卒を積極的に受け入れる傾向もある。今後は、ヨーロッパのように在学中にアルバイト以外の就業経験を積んだ学生を歓迎するムードができあがれば、採用ミスマッチや入社直後のリアリティ・ショックを少しでも回避することができるのではないだろうか。

## ◆SNSなどのネット情報の活用

ところで、今日、仕事の実態を把握する効率的な手段として活用されているのは、SNSなどでのインターネット上の口コミ情報である。学生の間で広く活用されている就職情報の口コミサイトだけでなく、希望する会社の社員が発信するSNSサイトなどが貴重な情報源になっている。

他方、企業の側でも、学生の本音や人柄などを知るための機会としてＳＮＳなどの情報を収集することが一般化している。面接などでは知ることができない学生の日常の様子を知ることができる絶好の情報源にもなっている。ただし、フェイク情報（偽情報）などが含まれていたり、一部の過激な書き込みが実態を歪曲していたりすることが懸念されるため、活用には一定の留意が必要である。

## ◆学生時代の過ごし方が入社後に影響する

最後に、最近の実証研究によれば、大学生の学生時代の過ごし方について、「何事もほどほどに」という志向が強くなる傾向が見られるという。ひと昔前までは、部活、サークル活動も活発で、「豊かな人間関係」を重視して学生時代を充実させようという志向の学生も多かった。大学時代に「豊かな人間関係」を重視していた人材ほど、入社後の初期キャリアを肯定的にとらえて上手く組織適応しているという。[43] 学生時代の過ごし方が、卒業後の一人前への成長プロセスに少なからず影響を与えているということである。

入社直後のリアリティ・ショックを回避して上手く組織に適応するためには、学生時代の過ごし方から見直す必要があるのかもしれない。

## 入社後3年間は、若手社員として業務遂行に必要な知識やスキルとスタンスを着実に体得する

### ◆入社直後の主な仕事は定型的で反復的なもの

一般的に、入社直後の新卒社員が担当する仕事は限定的である。入社してからしばらくは大した仕事は与えられず、あらかじめ手順や方法が決められている定型的で反復的な仕事が多い。また、職場全体の成果に影響の少ない周辺的な仕事でもある。たとえば、営業職などでは、既存の顧客を担当する場合、安定した取引実績があり、比較的扱いが容易な顧客を中心に担当が割り振られるケースが多い。また、一部の既存顧客も担当するが、大半の仕事は新規顧客開拓が中心だったりする。いずれにしても、仕事の手順や進め方などには定石があり、その定石にしたがって反復的な仕事を繰り返すことが少なくない。当然のことながら、こうした仕事は、本人にとって面白いとは認識されない。

### ◆正社員に求められるもの

しかし、実際に今日の正社員に求められている本格的な仕事の大半は、不確実で先の見えない問題や課題を解決することである。そして、職務遂行に不可欠な知識や情報のボリュームは、ますます増大する傾向にある。職務遂行に直接的に関係す

る知識やスキルだけでなく、法律や政治的な動向などの間接的な知識や情報の重要性も高まっている。知識やスキルは、ひと昔前とは比較できないほど膨大で専門的になっている。

たとえば、大学病院などの看護師の職場では、ひと昔前までは看護専門学校を卒業した新人が4月に就職して翌月のゴールデンウィークには夜勤デビューすることが一般的だった。ところが、今日では、4年制の看護大学を卒業した新人が就職しても、夜勤デビューの時期は、優秀な新人でも3か月から半年後で、1年後にようやく実現することも珍しくないという。基本的な医療知識だけでなく、患者とのコミュニケーションスキルや対人関係力なども高いレベルが要求されているのである。

こうした職務遂行に不可欠な基本的な知識やスキルは、入社直後から確実に習得することが求められている。社内の研修や勉強会だけでなく、自宅での勉強などの機会は当然であり、仕事によっては学生時代よりも一生懸命に勉強に励むことになる。

そして、こうした仕事を通して、社会的な組織人としての公式・非公式な規則やルールおよび価値観を学習しながら組織に受け入れられて馴染んでいく（組織社会化）ことが求められる。具体的には、仕事の進め方などの基本的な業務知識やスキルだけでなく、組織および職種に特有の価値観を基盤とする仕事への取り組み姿勢などのスタンスを、頭で理解するというよりも体で覚えて染み込ませるという意味で「体得」することである。

## ◆仕事への取り組み姿勢の学習がカギ

今回の調査で明らかになったように、一人前になるまでの学習内容に占める取り組み姿勢などのスタンスの学習は、仕事に関する知識やスキルの学習の1・5倍に達している。とりわけ入社後3年間のスタンス学習は、主体性や責任感などの基本的な仕事への取り組み姿勢や態度などの心構えである。そして、こうしたスタンス学習は、ハイパフォーマーほど一人当たりの頻度が多いことが特徴的である。

入社後3年間の成長の転機となる出来事について、上司や先輩との出会いが最も重要な時期でもある。とりわけ入社1年目の上司や先輩との出会いによる成長の転機は、一人前になるまでの9年間での人との出会いによる成長の転機の中で最も多い時期である。この時期は、上司や先輩から最も大きな影響を受けながら、担当する仕事の職務遂行に関する知識やスキルだけでなく、基本的な取り組み姿勢などのスタンスを学習することが重要なのである。

そして、上司や先輩から、仕事に対する基本的な心構えができているとみなされてはじめて、徐々に困難で重要な仕事の機会が意図的に与えられる。よく知られたパスツールの著名な言葉を借りれば、「幸運の女神は用意された心のみに宿る」という格言が意味していることを再認識すべきである。

そして、初期の頃は2年目から3年目にかけて、急激に仕事上の経験による成長の転機の頻度が増加する。上司や先輩は、誰にでも平等に成長の糧となる、本人にとって困難で責任の重い仕事の機会を与えるわけではない。どこまで主体的で責任をもって期待する成果を出せそうかを見極めながら仕事を振り分けている。その際に、基本的な態度や心構えができているかを重要な評価指標の一つとして見極めているのである。

### ◆取り組み姿勢がパフォーマンスを高める

さらに、職務遂行に特有の価値観や取り組み姿勢などのスタンスを学習することは、仕事のパフォーマンスを高めるために不可欠な要素である。どれほど職務遂行に必要な知識や能力があったとしても、仕事に特有の価値観や取り組み姿勢が不十分であれば、高いパフォーマンスを発揮することはできない。

たとえば、商品に関する知識が豊富で十分な営業スキルをもつ営業職が、必ずしも業績が高いとは限らない。一般的に、顧客は商品やサービスを売りつけられることを警戒しているため、営業職の信頼性を見極めようとしている。そこで、顧客にとっての便益を十分に理解して、本気で顧客本位で物事を考える態度を示すことができれば、顧客からの信頼を獲得して商談が成立する可能性が高くなる。そして、継続的に営業目標を達成し続けるためには、営業目標を達成することに執着して最後まで諦めない態度が求められる。一般的に、高いパフォーマンスを発揮している営業職に共通している特徴は、こうしたスタンスを十分に体得していることである。

## ◆成果主義人事制度による弊害

ところが、１９９０年代後半以降の成果主義人事制度改革のブームによって、人事評価のあり方が大きく変化し、こうしたスタンス（態度）を評価することが一般的ではなくなった。

それまでの日本企業で一般的だった職能主義人事制度では、人事評価が「業績評価」と「能力評価」および「情意評価」という3本柱で構成されていた。ここでの情意評価とは、仕事に対する主体性や責任感などの基本的な態度や取り組み姿勢を評価するものであり、まさに今回の調査で抽出された初期の学習内容のスタンス（態度）に相当する。

新たに普及してきた成果主義人事制度では、顕在的な「業績評価」と「コンピテンシー（ハイパフォーマーに共通する行動プロセス）評価」が主流となり、従来からの日本型人事制度の中核的な評価要素であった情意評価は姿を消してしまった。それまでの能力評価や情意評価は、評価者の主観が入り込む余地が大きく曖昧だっ

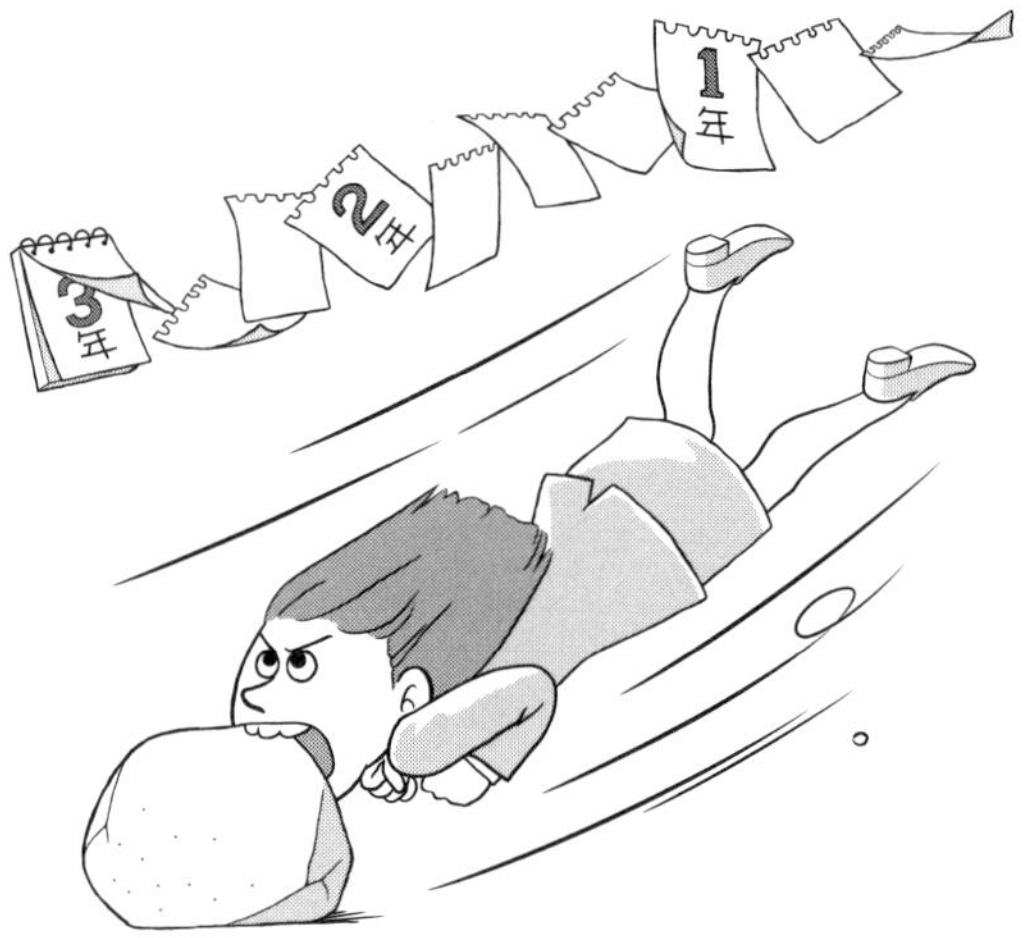


たからである。そして、成果主義による人事評価では、業績評価と行動プロセスとしてのコンピテンシーの方が客観的に観察可能であり、評価結果の納得性が高いからである。

## ◆入社直後の3年間は、石に噛りついてでも必死で仕事をする

しかしながら、従来からの日本型人事評価で活用されてきた中核的な評価要素の一つである、仕事に対する態度や取り組み姿勢（スタンス）としての情意評価は、今日の人事評価では消失してしまったが、その重要性までもが消失したわけではない。むしろ、重要性はますます高まっているのではないだろうか。入社直後の初期の頃からのスタンス（態度）の学習は、その後の長期的な成長プロセスにとって基盤を形成することに他ならない。また、人事異動や昇進の際には、実際にはこうしたスタンスを中心とする人物評価としての評判が重要な意味をもっている。

入社直後の3年間は、その後の成長プロセスに多大な影響を与える時期である。とりわけ入社1年目の上司や先輩からの薫陶によって、業務知識や仕事の進め方のノウハウを学習するだけでなく、仕事への取り組み姿勢などのスタンスを体得することは非常に重要である。そ

して、2年目から3年目にかけて、本人にとって困難で不確実な仕事の経験の機会が与えられはじめ、主体性や責任感などの基本的な仕事への心構えとして、その後の成長のための基盤が形成される。

新卒として入社後3年間は、「石に噛りついてでも3年は辛抱」という諺を、あらためて噛みしめることが大切なのではないだろうか。

## 技術系は、入社2年目から困難で不確実な仕事に取り組み、早期から技術的な視野を拡大する

### ◆入社2年目はもはや新人ではない

技術系の正社員に特有の成長プロセスについて、今回の調査によって明らかになった事実は、入社3年目までの仕事上の経験による成長の機会に関することである。

まず、入社2年目の早い時期に仕事上の経験や人との出会いによる成長の転機が多いほど、その後の成長プロセスに影響し、パフォーマンスの高い一人前の技術者になる可能性が高くなることである。入社1年目での新卒としての仕事は、仕事や職場に慣れるためのウォーミングアップという意味で定型的で反復的な作業のような単調な仕事が多いと言われている。しかし、2年目になっても新人と同様の扱い

で、成長の転機となる仕事上の経験や刺激的な人との出会いの機会が少なくなると、その後の成長プロセスに影響する。

定型的な仕事の手順やルールに慣れた入社2年目の時期は、本人が自ら意識的に新たな仕事に挑戦することが重要である。たとえ仕事の内容は変わらなくてもやり方を工夫したり、効率的な仕事の進め方などを提案したりすることによって、主体的に仕事に取り組むことが肝要である。単調な仕事が続いたとしても、「2年目はもはや新人ではない」という意識をもつことが大切なのである。

## ◆入社3年目までに技術スコープを拡大させる

次に、入社3年目までの早い時期から技術スコープを拡大させることである。今日の技術革新は、クローズドな世界からよりオープンな世界に移行している(44)。特定の研究開発テーマにおける問題や課題を解決するためには、オープンで複眼的な視点からのアプローチがますます重要になっている。そのためには、特定の専門的技術領域だけでなく、様々な技術領域を組み合わせながら解決策を探索することが不可欠になっている。

こうした研究開発の動向を踏まえて、入社後の早い時期から技術的な視野を拡大することが、パフォーマンスの高い一人前の技術者に成長するためには重要になっていると考えられる。

今回の調査の中で、技術者の初期の頃の技術スコープの拡大に関係していた出来事は、「他部署との交流」の機会や「上司や先輩からの薫陶」などが多かった。そして、中期から後期にかけて、大学の研究室への派遣や社外との交流および部署異動や新製品の開発プロジェクトなどの仕事上の経験が、技術者の技術スコープの拡大に結びついていた。

いずれにしても、技術的なスコープ拡大は、仕事上の経験による成長の転機からの学習の機会が多い。しかし、誰にでも平等にこうした仕事上の経験の機会が与えられるものではない。将来的に活躍して会社に大きな貢献をすることが期待されるとみなされた技術者に優先的に与えられる機会であろう。

技術者にとって、入社初期の3年間は、一人前の研究開発者としての将来性を占う試金石となる可能性は高い。この時期の成長は、その後の技術的な専門性の深耕と幅の拡大による成長プロセスに大きな影響を与えることになると考えられる。

## 入社5年目頃までに、半人前の中堅社員として高度な業務知識やスキルを確実に習得して自信をつける

### ◆入社5年目頃からが昇進・昇格の岐路

新卒で入社して5年目頃になると、ビジネスパーソンとして一人前までには至ら

ないが、半人前の中堅社員として扱われる時期である。一般的に、日本の大手企業などでは、早ければ主任や係長などに昇進したり、社内の職能資格等級が昇格したりする時期でもある。この頃から同期入社の間でも一律的な昇進や昇格ではなく、昇進や昇格の時期に差が出始める。すなわち昇進や昇格のスピード競争がスタートする時期でもある。(45) また、ワークライフも次第に充実したものになり、早ければ結婚して家族を持ち始める頃でもある。

## ◆不確実な仕事を成功させ自信をつける

この時期に担当する仕事の内容は、ますます不確実で困難なものとなり、業務遂行に求められる高度な知識やスキルを確実に取得していることを前提にして、仕事の幅が広がり専門性も高くなる。

今回の調査でも仕事上の経験による成長の節目となる転機の頻度は3年目から7年目に集中し、5年目はその真っ最中の時期となる。そして、この時期を中心に、具体的なスタンスの中でも自信をはじめとして忍耐力や挑戦性などの態度を学習する頻度が高くなる。定型的な仕事だけでなく、半定型的もしくは非定型的な不確実で困難な仕事をやり遂げて成果を創出することによって、自信をつけていく時期である。

そして、この頃までに一度や二度の仕事上の失敗や挫折を経験することも少なくない。こうした失敗や挫折を乗り越えて克服することは、仕事で自信をつけることに大きく貢献する。

つまり、5年目頃までに、業務遂行に必要な高度な知識やスキルを確実に習得し、新たな仕事に挑戦したり失敗や挫折を克服したりすることによって、自信をつけて仕事に特有の価値観や取り組み姿勢などのスタンスを確立することが重要なのである。担当する仕事に精通し、不確実な仕事でも遂行する自信をもつことによって、周囲からも一目置かれる存在になる。こうした評価や評判が、その後の組織的にもインパクトのある挑戦的な仕事を獲得するための要件となり、一人前の中堅社員に成長するプロセスに大きな意味をもつと考えられる。

## ◆社外の多様な人材から薫陶を受ける

今回の調査では、ハイパフォーマーほど、社外の多様な人々との出会いによる成長の転機の頻度が多くなる傾向がみられた。成長するにしたがって人脈の幅を拡大し、社内外の多様な人材とのネットワークづくりが重要になる。顧客や友人をはじめとして、とりわけ技術者であれば大学教員などの社外の多様な人々から様々な薫陶を受けることは、その後の成長にとって貴重な機会になる。

自らの成長の機会として、社外の多様な人々との交流の幅を拡大するためには、社外の勉強会や異業種交流会など様々なイベントに参加することが一般的かもしれないが、顧客などの取引先と交流を深めることが最も効果的である。とりわけ、事務系の営業職にとって、成長の転機となるような顧客との出会いは、極めて重要な意味をもつと考えられる。顧客から様々な薫陶を受けることによって、顧客本位の視点やスタンスが涵養されるからである。

実際に、今回の調査結果から、主に初期から中期にかけて、顧客との出会いが成長の転機となった営業職ほど、パフォーマンスの高い一人前の営業職になる傾向も顕著であった。比較的早い時期に顧客からの薫陶を受ける機会は、顧客に関する深い理解を促進させるだけでなく、顧客本位という営業職ならではの価値観や行動規範に関係するスタンスを涵養する絶好の機会となっていると考えられる。こうした顧客に関する知識やスタンスがその後の業績や成長のプロセスに影響を及ぼす可能性は高いと思われる。

今日の情報化社会では、膨大な情報処理能力が求められるが、本質的で重要な情報はインターネットなどで簡単に入手できるものではない。ましてや成長の転機となるような多様な人々との出会いによって得られる薫陶は、直接的な接触による濃密な対話が不可欠である。多様な人々との出会いが、多面的で複眼的な視点を育み、大局的な視点から物事を考察することにも貢献すると考えられる。

## 入社9年目頃までにベテラン中堅社員として、組織的にインパクトの大きな仕事に挑戦し、事業や組織の視野を拡大する

### ◆組織的にインパクトの大きな仕事への挑戦

中期の半人前の中堅社員から後期のベテラン中堅社員として一人前に成長するまでの間に、全社的に影響力のあるような挑戦的な仕事の試練を乗り越えることが、その後の成長のドライビングフォースとなる可能性が高い。

今回の調査では、ハイパフォーマーは、7年目頃に仕事上の経験を中心とした成長の転機の頻度が顕著に多くなる。その出来事の主な内容は、新たなる挑戦的で困難な仕事の経験が最も多い。この時期の新たな困難な経験の要因は、「海外赴任」、「海外での新規事業の立ち上げ」、「不振店舗の再建」、「重要な顧客の開拓」など、全社的にもインパクトが大きく困難な仕事への挑戦が大半を占めていた。こうした仕事が成長の糧となる良質な仕事である。

こうした困難な状況を乗り越える試練は、リーダーシップを開発するためにも不可欠な要素であることが実証的に研究されてきた。(46) 日本では「一皮むける経験」と呼ばれることもある。(47)

## ◆困難な状況を克服するために

一般に、一皮むけるような困難な状況を乗り越えるためには、自分一人では様々な問題を解決することができない。関係する社内資源を動員し、場合によっては取引先や顧客などの社外の資源も動員することによって問題解決が可能となる。しかしながら、この時期の自分のポジションがもつ権限や権威はほとんどなく、役職やポジションなどの公式的な権威で社内外の多くの関係者を動かすことはできない。それゆえに、困難な組織目的を達成させるためには、権限や権威を超えた対人的な影響力を発揮することが要求される。つまり、対人的な影響力としてのリーダーシップを鍛錬するための絶好の機会となるのである。

ところが、誰もがこうした組織的にインパクトの大きな挑戦的な仕事上の経験の機会を与えられるとは限らない。入社直後の初期の頃であれば、上司や先輩の裁量次第で、本人にとって困難で挑戦的な仕事を与えることは可能である。しかし、半人前を過ぎる頃の中堅社員の仕事の中身は、上司や先輩の裁量の範囲を超えて、主に配属される部署自体の仕事に大きく依存することにもなる。

## ◆成長の糧となる良質な仕事を獲得するために

では、どうすれば、成長の糧となる良質な仕事を獲得することができるのだろうか。

単純に考えれば、本人が全社的にもインパクトの大きな挑戦的な仕事のポストを希望して人事異動することであろう。しかし、今日の日本の大手企業などでは、自己申告制度が普及しているが、本人の希望する部署に異動できるとは限らない。むしろ、大半の異動希望は叶わないことが現実であろう。

現実的な配置異動には、大きく3つの要素が複雑に絡み合って決定されるという。(48)

（1）配置されるポストの要件（ジョブ・スペック）と本人の適性とのマッチング

（2）人材育成の適性

（3）本人の志向や希望

成長の糧となる良質な仕事であれば、仕事の適性よりも人材育成の適性が優先されることも珍しくない。いずれにしても本人の志向や希望は、やむを得ない事情や強く希望し続けない限り、優先順位は高くならない。

## ◆良いポスト、悪いポスト？

そもそも、仕事のポストには、良いポストと悪いポストが存在する。八代尚宏氏によれば、良いポストとは「企業内で重視されている成長分野のもので個人の能力差が際立つ部門であり、人事部は良いポストには、将来が期待される人材を重点的に配置する、また、そうした機会に恵まれれば、個人の仕事能力は飛躍的に高まる」。悪いポストとは、「だれがやっても大差ないルーティンな部門であり、何年勤めても仕事能力の向上は望めない」(49)という。

一般的に、日本の大手企業などでは、新卒として入社して5年目頃を過ぎて30歳前後になると、成長の糧となる良質な仕事経験のチャンスが与えられる人材とそうでない人材が暗黙的に区分されはじめる。前者は、能力と業績を掛け合わせた実力が評価され、今後の成長の可能性が高く将来的に組織に多大な貢献を期待される人材である。こうした判定は、公式的な人事考課だけでなく、組織内での評判にも大きく左右されている。すなわち、入社5年目頃までに実力が認められて組織内で良い評判を獲得しておくことが、次の成長のステップにとって必要条件となる可能性が高いと考えられる。

日本の大手企業などでは、熾烈な「仕事獲得競争」が存在しており、こうした競争を勝ち抜くことが一人前に至るまでの成長プロセスを左右する重要な鍵を握っているのである。これまでの戦後の日本的経営の特徴の一つと言われてきた「年功序列」(賃金と昇進の特徴を意味する)は、外見上の断片的な事実でしかない。長期的に見ると、どこまで成長して昇進できるか否かは、こうした内部の仕事獲得競争を勝ち抜くことが前提となる可能性が高い。

## ◆失敗や挫折を乗り越え成長する

いずれにしても、入社5年目頃を過ぎた半人前の中堅社員の頃からは、全社的にも影響力の大きな挑戦的な仕事上の経験による成長の節目が、その後の成長プロセスにとっても重要な意味をもつ。

ところが、それまでに困難な状況を乗り越える仕事上の試練を経験しなければならず、途中で挫折することも少なくない。誰でも順風満帆にこうした試練を乗り越えるとは限らない。その際に大切なことは、途中で失敗や挫折をしたとしても、それを成長の機会として捉えて柔軟に回復することである。今回の調査の中でも、ハイパフォーマーほど、こうした失敗や挫折を乗り越えることによって大きく成長していた。こうしたハイパフォーマーに共通していたことは、レジリアンス（回復）力が高いことである。

ただし、こうした失敗や挫折を経験した際に、2年以上も成長が停滞してしまうと、その後の成長プロセスに少なからず問題が生じる。すなわち、仕事獲得競争からしばらく離脱してしまい、一人前になるまでに、組織的に影響力の大きな挑戦的な仕事の機会を経験する可能性は限定される。

誰でも失敗したり挫折したりしたいなどとは思わない。しかし、世の中は理不尽なことが多い。失敗や挫折は避けられないものであり、仕事上の失敗や挫折を経験しない人間はいない。したがって、たとえ逆境で失敗や挫折をしても、それを乗り越えるレジリアンス力を習得することが大切である。そのためには、どのような状況にあっても悲観的にならず、前向きで楽観的な生き方が求められる。

最近、企業の人的競争力を高めて組織的なパフォーマンスを向上させるための「心理的資本」（Psychological Capital）が注目されている。心理的資本を高めるためには、4つの要素が必要である。[50]

（1）チャレンジングな仕事を成功させるための努力を惜しまずに取り掛かるための自信（自己効力感）をもつこと。

（2）目的を貫徹し、必要に応じて成就するための目的（希望）への道筋を見直すこと。

（3）現在や将来における成功に関して肯定的な帰属意識（楽観）を形成すること。

（4）問題や逆境に陥ったとき、くじけずに立ち直ったり、成功を成就するために乗り越えたりすること（レジリアンス）。

こうした心理的資本を向上させることが、自分自身と企業の双方にとって有益なウィン・ウィンの関係を維持するための必要条件なのかもしれない。

### ◆目先の仕事にとらわれず、事業や組織のスコープ（視野）を拡大する

この時期に学習すべき重要なことは、担当業務の枠組みを超えて、事業や組織に

関する大局的な視野を拡大することである。

今回の調査結果の中でも、中期の半人前の中堅社員の頃から後期のベテランの中堅社員に成長するまでの期間に、事業や組織に関するスコープ（視野）が拡大していくことである。事務系のとりわけハイポテンシャル採用企業の事務系ハイパフォーマーには、最も顕著にこうした傾向が見られた。

こうした事業や組織に関する視野拡大は、国内外のビジネスの地理的な視野の拡大だけでなく、数年後の近い将来に関する時間的な視野の拡大も含まれている。いわば管理職や事業部長クラスの視点をもち始めているとも考えられる。

入社5年目頃の半人前の時期を過ぎた頃からは、次第に目先の日々の仕事に追われるだけでなく、これから先の事業や組織のあり方に関する情報を主体的に獲得しながら大局的な物事の見方や考え方を体得しはじめる時期でもある。日々の仕事をどのように遂行するかということだけでなく、日常的な仕事に対して社会的・組織的な意義や価値基準を自問自答するようなメタ認知的な学習が求められる。つまり、日頃から現状の仕事に批判的な視点を持ち続けて、意識的に一つ上の視点で物事を考える癖をつけることが重要になる。

## ◆スコープ（視野）を拡大するために

中堅社員が視野を拡大するためには、組織的にもインパクトの大きな仕事上の経験や、洞察力の優れた経営幹部や上司との接触の機会が効果的である。また、大都市圏などの大きな組織の中の一つの歯車でいるよりも、海外や地方拠点などで達観的に事業や組織を見つめるような機会も貴重な経験となる。実際に、今回の調査によるインタビューの中でも、こうした経験を語る中堅社員が少なくなかった。

また、事業や組織の視野を拡大する機会は、仕事上の経験や人との出会いによる成長の転機だけではない。その他の成長の転機となる出来事として注目すべきは、社外研修や留学などである。今回のインビュー調査の中でも、社外のＭＢＡコースに通って経営管理に関する科学的な知見を得るだけでなく、他業界の優秀な人材との交流などを通して視野を拡大するケースなども散見された。

一人前になるまでに、成長の転機となる仕事上の経験の機会がなくても、自ら意図的にこうした機会を作り出すことも可能である。大局的な視点で物事を理解しようとする意志があれば、自己研鑽を積むための非日常的な機会は身近にあるのではないだろうか。

## 「やるときは、やる！」というメリハリのあるワークライフを楽しむ

今回の調査結果では、成長を促すような仕事上の経験の機会は、一人当たりでみ

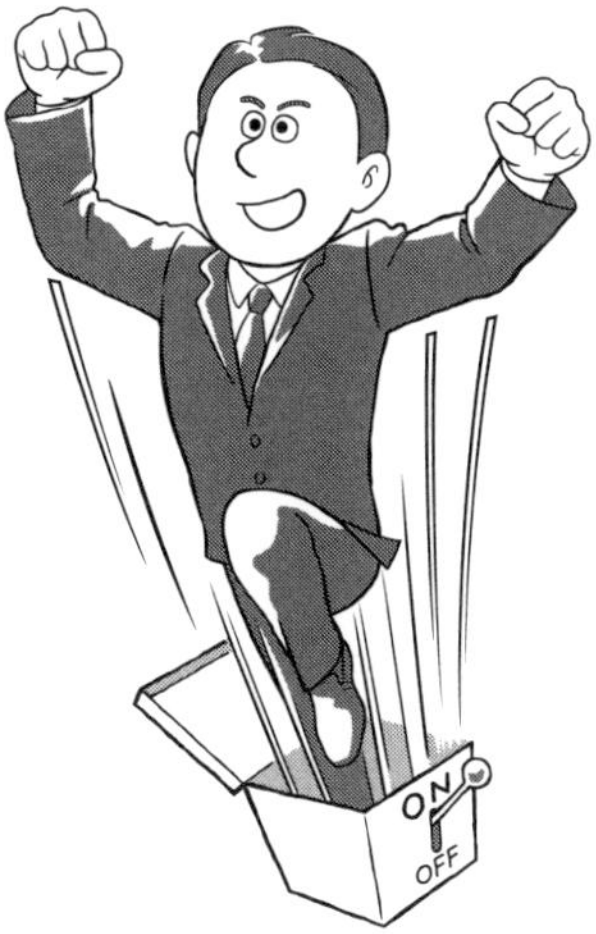


るとハイパフォーマーの方が多かった。また、人との出会いによる成長の転機の機会もやや多かった。しかし、ライフスタイルや社内外研修などのその他の出来事では、ハイパフォーマーの方がやや少なかった。

ハイパフォーマーは、初期の頃から不確実で困難な仕事での成功体験などを通して心理的成功サイクルモデルができあがる可能性が高い。その結果、「仕事の報酬は仕事である」と言われるように、成長を促す良質な仕事上の経験の機会が、意図的に与えられる可能性が高いと考えられる。

だからといって、必ずしもハイパフォーマーの方が過剰に仕事熱心で仕事中毒であるとまでは言えない。むしろ、「やるときは、やる！」というオンとオフのメリハリがはっきりしているように思われる。

困難で挑戦的な仕事の機会が与えられると、必然的にワークライフは仕事を優先せざるを得ない。場合によっては、一時的に寝食を忘れるほど四六時中、仕事のことばかり考えて過ごさざるを得ないかもしれない。こうした状況を克服して乗り越えるからこそ、仕事に自信をつけて成長していくのである。

しかし、こうした時期が一生涯続くわけではない。せいぜい長くても1年から2年で、一人前になるまでの9年足らずの間でも2回から多くても3回程度である。長い目でみれば、こうした節目としての経験が自分自身を大きく飛躍させて成長させる糧になっている。

あえてこうした試練を受け入れて自分自身を鍛錬する機会を大切にすべきであろう。そして、こうした試練の時期以外では、ライフスタイルを充実させたり自己啓発などで日常の仕事以外にも目配りをしたりすべきであろう。中途半端に流されながら過剰な残業を続けたりすることは、いたずらに人生を消耗させているに過ぎない。

集中的に仕事に没頭すべき「オン・ターム」と、仕事以外の時間にも配慮する「オフ・ターム」とのメリハリをつけることが、本当のワークライフ・バランスではなかろうか。毎日のように定時に退社して、仕事以外の人生を楽しむことだけを意味しているわけではない。「やるときは、やる！」というワークライフ・バランスを意識しておくことも必要なのかもしれない。

# 第10章

# 日本企業の若手社員が一人前の中堅社員に成長するためのプロセス・モデル

これまでに述べてきた、日本企業の若手社員が一人前の中堅社員に成長するまでの特徴的な学習プロセスをモデル化してまとめてみよう。9年間ほどの成長プロセスの時期について、入社から3年目までの若手社員の頃から、中期の半人前の中堅社員の頃（4年目〜6年目）、そして後期のベテラン中堅社員の頃（7年目〜9年目）に分けて、それぞれの時期における成長の節目となる転機と学習内容の特徴によるプロセスのモデルである（図10-1）。

## ◆前期の特徴は「人との出会い」と「基本的なスタンス」

まず、前期での成長の転機の特徴は、転機数全体の頻度が3つの時期の中で最多であり、とりわけ入社直後の主に上司や先輩などの人との出会いによる転機が最多となることである。

また、この時期の仕事の特徴は、入社直後は定型的な仕事が大半を占めるが、2年目頃からは徐々に半定型的で不確実な仕事の割合も増えてくる。そして、その際

図 10-1　学習プロセスのモデル

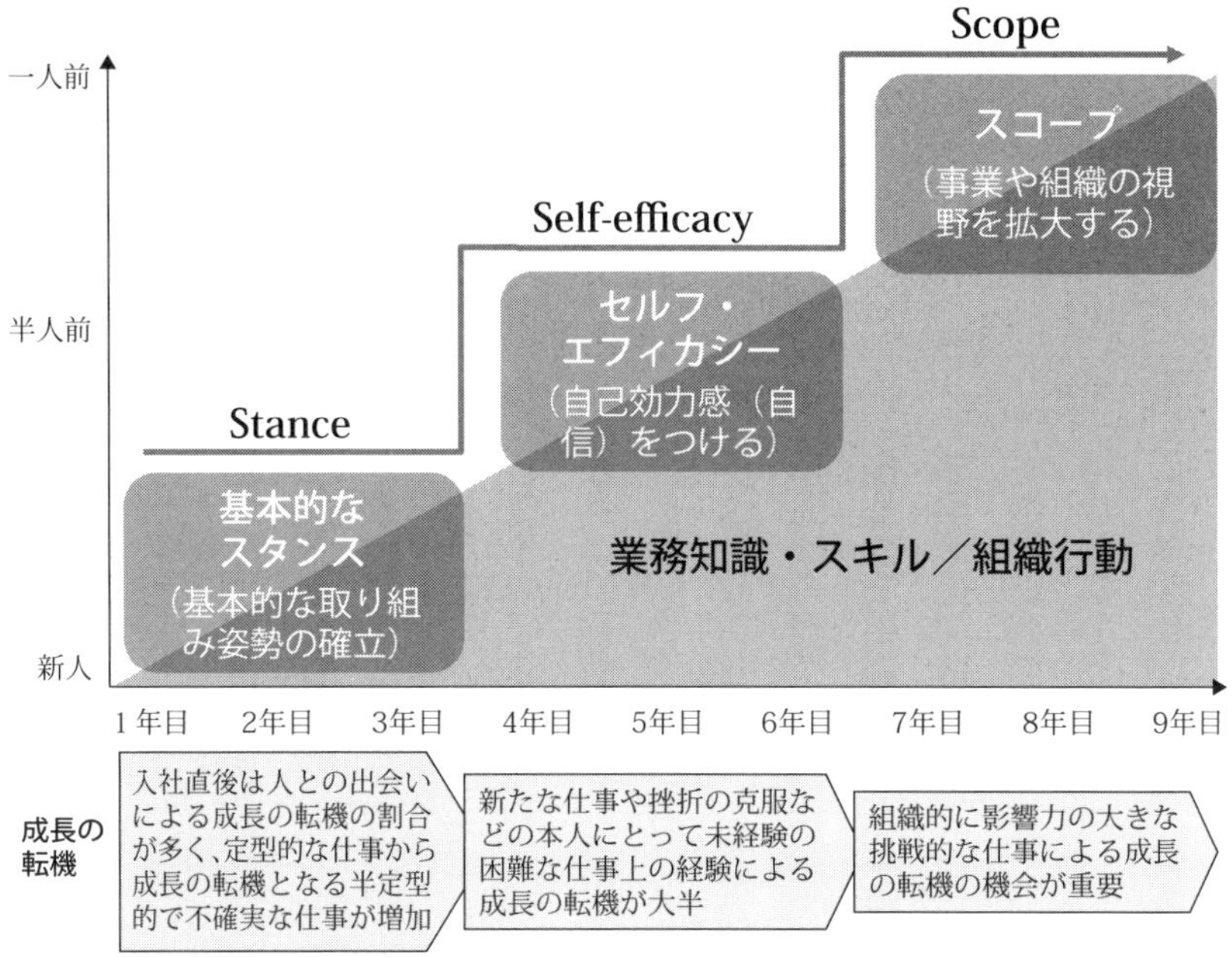


に特徴的な学習すべき内容は、職務遂行に必要な知識やスキルだけでなく、主体性や責任感などの基本的な態度や取り組み姿勢としてのスタンスを体得することである。こうした基本的なスタンスを体得しながら、徐々に仕事上の経験による成長の転機が増えていく。

この時期に基本的な業務知識・スキルや組織行動を確実に習得し、主体性や責任感などの基本的な仕事への取り組み姿勢や態度としてのスタンスを確立することが、次のステージへの足掛かりとなる。

### ◆中期の特徴は「仕事上の経験」と「セルフ・エフィカシー」（自己効力感）

次に、中期での成長の転機の特徴は、仕事上の経験による転機が3つの時期の中で最多となることである。ここでの仕事上の経験とは、失敗や挫折からの復活や新たな仕事への挑戦などの、それまでの仕事の延長線とは次元の異なる、本人にとって困難な経験が特徴的である。また、先輩や上司などからの指示や薫陶などの関与は初期に比べて大幅に減少し、担当する仕事にはある程度の裁量の余地が与えられて自律的に業務を遂行することも少なくない。そして、その際に学習すべき特徴的な内容は、より高度な業務遂行に必要な専門的知識や組織行動を習得すると同時に、スタンスの中でも自己効力感（セルフ・エフィカシー）を高めて自信をつけることである。セルフ・エフィカシーとは、特定の仕事に関して「やればできる」という信念のことである。[51] この時期にセルフ・エフィカシーを高めることが、組織や職種に特有のアイデンティティの基盤を形成し、次のステージへの足掛かりとなる。

### ◆後期の特徴「挑戦的な仕事経験」と「スコープの拡大」

さらに、後期での成長の転機の特徴は、中期と同様に仕事上の経験が中心だが、組織的にもインパクトの大きな挑戦的な仕事経験が特徴的である。また、こうした仕事を成し遂げるためには、有能な上司からのアドバイスやコーチングなどの関与も必要となる。そして、その際に学習すべき特徴的な内容は、ハイレベルな業務遂行知識・スキルや組織行動だけでなく、キャリアや生き方に対するスタンスと、事業や組織に関する視野を拡大するためのスコープの学習である。この時期に、大局的に物事を理解し考察することによって、空間的な視野と時間的な視野を拡大することができるようになることが重要な意味をもっている。こうしたスコープ学習が、一人前のベテラン中堅社員から管理職に昇進するための足掛かりになると考えられる。

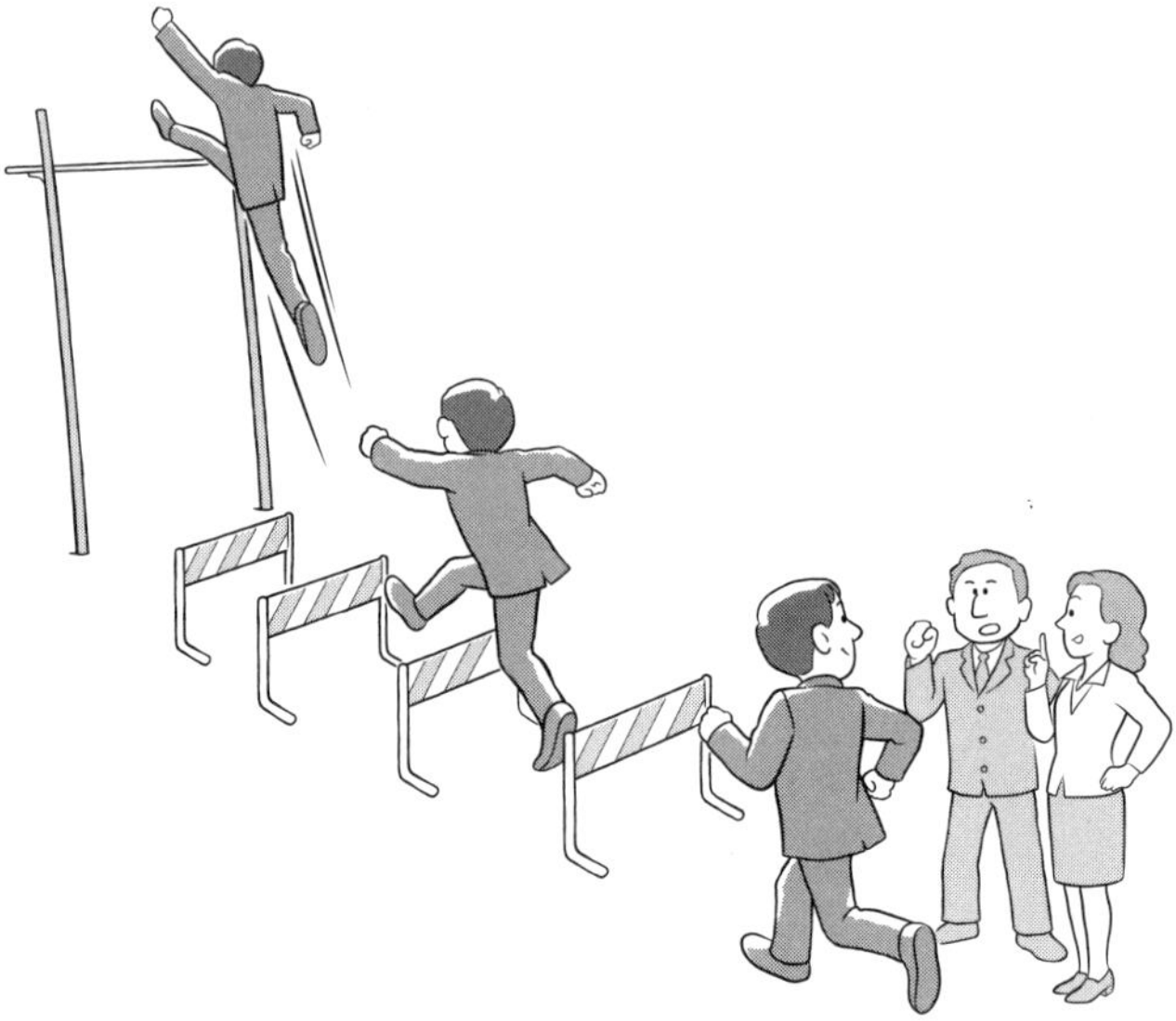

## ◆個々人の成長ステージを見極める

なお、こうした入社年次による学習や成長のプロセスのモデルは、日本の大手企業における典型的なプロセスとして一般化されたものでしかない。実際には、彼（女）らの学習や成長のスピードやプロセスは、会社によって異なるだろうし、同じ会社の中でも個人差が生じるであろう。たとえば、設立間もないベンチャー企業や変化のスピードが速いＩＴ企業などでは、９年間のプロセスは、5年程度に圧縮されるかもしれない。また、同じ会社の中でも優秀な若手社員は、入社6年目頃には、ベテラン中堅社員を卒業して管理職に昇進することもあるだろう。

いずれにしても、入社年次を目安にしながら、実際には個々人がどこのステージに該当するのかを見極めることが不可欠である。

# 第Ⅲ部

# 上司による職場での人材育成の考え方とヒント

すでに第Ⅰ部では、上司によるＯＪＴの実践方法などを詳細に取り上げたが、第Ⅱ部で明らかにした若手社員の段階的な成長ステージにしたがって、上司は職場で具体的に何をどうすべきなのであろうか。すべてのステージで共通するＯＪＴを中心とする職場教育の要諦は、どのような仕事を部下にアサイン（割り当て）し、どのように関わりながら支援すべきか、ということである。第Ⅲ部では、こうした２つの観点からそれぞれの成長ステージごとに具体的な考え方と行動のヒントを提示する。

なお、当然のことながら、個々人によって成長のスピードやプロセスは少なからず異なる。入社年次を目安としながら、部下の成長ステージの段階を見極めて活用していただきたい。

# 第11章

# 入社3年目までの若手社員の人材育成

## 必要な知識やスキルを確実に習得して基本的なスタンスを体得させる

これまでの調査結果で明らかにしてきたように、入社直後の3年間は、一人前の中堅社員に成長するまでの9年間で、最も頻繁に成長の転機を経験し、最も多くのことを学習する成長の基盤を形成する重要な時期である。

この時期の若手社員が確実に習得すべき学習内容は、業務遂行に必要な基本的な専門的知識やスキルと、組織人として職場内のメンバーと上手く関わりあうための組織行動である。そして、主体性や責任感などの基本的な仕事への取り組み姿勢や心構えなどのスタンス（態度）である。とりわけ、入社初期の基本的なスタンスの学習は、その後の成長プロセスに大きな影響を与えることになる。

# 入社直後の若手社員の仕事の特徴と課題

## ◆入社1年目の課題

一般的に、入社直後の若手社員は、担当する仕事内容に関する知識やスキルはほとんどなく、業務遂行に関するあらゆる知識やスキルを一から習得し始める時期である。こうした新人に対して職場の中でアサイン（割り当て）される仕事は、手続きや手順があらかじめ決められた単純で反復的な仕事が大半である。たとえば、特定の手順で実験し、その測定結果を決められた様式の報告書にまとめる作業や、営業マニュアルなどに記載されている手順にしたがって新規開拓営業に取り組んだりすることである。

しかしながら、新人にとって初めての仕事は、定型的な仕事であっても習得すべき知識やスキルの量が膨大で、すべてがマニュアルなどのようにドキュメント化されてはいない。大半は業務遂行をしながら経験的に学習したり、上司や先輩から教示されたりして習得する「コツ」や「勘」などの暗黙知である。こうしたコツや勘を蓄積することによって、手続的な熟練の段階に至る。

こうした手続き的な仕事に関して、新人は漠然とした仕事への意気込みはあっても、担当する具体的で定型的な仕事そのものに対する意欲や主体性が高いとは言えない。上司や先輩による教示的なＯＪＴは、一方的な説明や指示が大半であるがゆえに、新人は受動的で他律的な態度になりがちである。

## ◆入社2年目の課題

入社2年目になってもこうした仕事がアサインされたままで仕事に変化がなければ、本人の仕事に対する意欲は減退する可能性が高く、基本的なスタンス（態度）の習得が阻害されてしまう。今回の調査結果でも、こうした事実は、技術系の2年目にしばしば見られることが確認されている。しかし、将来的にパフォーマンスの高いベテラン中堅社員に成長するような技術系の若手社員にはこうした事実は見られなかった。

そこで、上司やプロジェクトリーダーなどの先輩は、2年目の若手社員に対する仕事のアサインに関して十分に留意することが肝要である。具体的には、本人が担当する仕事の内容を少しずつ変化させたり、仕事に対する認識を変えさせたりすることが大切である。

## ◆入社3年目の課題

そして、入社3年目は、今回の調査結果では、仕事上の経験による成長の節目となる転機の頻度が9年間の中でもピークに達する。一般的には、この頃になると、不確実で半定型的な仕事の割合が徐々に増加し、仕事上の経験から学習することがその後の成長にとっても重要な意味をもつことになる。

このように入社直後の3年間は、段階的に仕事の内容を見直したり認識を変えさせたりすることが重要である。では、彼（女）らにアサインすべき仕事の内容や認識について、具体的にどのようにして見直していくべきなのだろうか。

## 部下にアサインすべき仕事の職務特性

### ◆職務満足感や成長感が仕事への主体性や意欲を高める

入社直後の3年間、若手社員にとっての本質的な問題の一つは、職務満足感や成長感である。仕事に対する満足感と、そこから得られる意欲や成長感が高まらなければ、基本的な取り組み姿勢である主体性や責任感などのスタンス（態度）は醸成されない。

特に、最近の大卒や大学院卒の多くが就職活動において重視していることは、自分の能力や個性を活かしたいという仕事志向である。そして、入社直後のネガティブなリアリティ・ショックの大半がこうした仕事に関する現実的なギャップである。その結果、自分の能力や個性を発揮して、面白い仕事がしたいという入社直前の志向と現実の仕事とのギャップが、入社直後の仕事への意欲や主体性の欠如を助長してしまうことが懸念される。

## ◆ハックマンとオールダムの職務特性モデル

そこで、注目すべきは、J・R・ハックマンとG・R・オールダムの職務特性モデルである。人間の職務満足感や成長感を左右する仕事の特性を実証的に明らかにした優れた実証研究である。[52]

彼らの概念モデルによれば、職務満足感や成長感を高める要因は5つに集約される。そして、その組み合わせ方にしたがって、職務満足感や成長感を高める可能性を数値化することができる。

### (1) 求められるスキルの多様性（技能多様性）

その仕事の職務遂行に必要な知識やスキルは、どれだけ異なる多様性があるのか。たとえば、販売活動において、商品の店頭販売だけを担当する仕事と、商品の仕入れから店頭販売およびアフターサービスまでを担当する仕事とでは、必要な知識やスキルの多様性が異なり、職務満足感や成長感は後者の方が高い。

### (2) 一人で完結できる仕事の範囲（タスク完結性）

その仕事は、最終的な完成品やサービスにおいて、どこまで自分で完結させることができるのか。たとえば、情報システム開発において、一部のプログラム開発だけを担当する仕事と、要件定義や基本・詳細設計からプログラム開発や検証までの工程を担当する仕事とでは、仕事の完結性が異なり、後者の方が職務満足度や成長感は高い。

（3）仕事の重要性の認知（タスク重要性）

その仕事は、組織的もしくは社会的にどれだけ重要な意味や意義があるのか。たとえば、研究開発において、単純な実験とその測定結果を報告することだけを指示された場合と、同じ仕事でもその価値や意義を上司や先輩から十分に説明される場合では、仕事に対する重要性の認識が異なり、後者の方が職務満足感や成長感は高い。

（4）自律性の余地

その仕事は、進め方や手順などについてどれだけ裁量の余地があるのか。たとえば、あらかじめ担当する仕事の手順や納期が決定していても、所与の手順や納期を変更する余地が全くない場合と、状況に応じて関係部署と調整して手順や納期を調整する余地がある場合では、仕事の裁量の幅が異なり、後者の方が職務満足感や成長感は高い。

（5）仕事の成果に関するフィードバック

その仕事は、成果に対する何らかの評価情報を得ることができるか。たとえば、プログラム開発作業だけを担当する仕事と、プログラム開発だけでなく開発したプログラムの動作確認などの検証も担当する仕事では、仕事の結果に関する情報量が異なり、後者の方が職務満足感や成長感は高い。

これらの仕事に関する特性は、それぞれ本人の心理的な感情などに影響を与える。技能多様性とタスク完結性およびタスク重要性は、仕事の価値や意義に関する認知に関係する。自律性は知覚された仕事の成果に対する責任感を左右する。フィードバックは、業務遂行の成果に関する知識や成長感に関係する。そして、こうした心理的な感情が、高い職務満足度やモチベーション、高い成長感、高い自己（職務）効力感などをもたらす。

## ◆職務満足度の数値化

こうした職務特性による職務満足度の高さ（ＭＰＳ：職務満足可能性）は、部下の担当する仕事に関する質問「職務特性診断」によって、客観的に数値化することができる。職務満足可能性を算出する方程式は、「仕事の意義（技能多様性とタスク完結性およびタスク重要性の平均値）×自律性×フィードバック」である。つまり、その仕事が職務満足をもたらす可能性は、仕事の意義と自律性とフィードバックを掛け合わせることによって規定される。

実際に、職務特性診断の調査項目が公開されているので、部下が担当する仕事について質問項目に回答することによって職務満足可能性スコアを算出することができる（**図11-1**）。また、彼らの米国での実証研究によって調査された職種別のス

### 図 11-1　職務特性診断

あなた自身ではなく部下の仕事に関して、下の選択肢から該当する点数を白い空欄のセルにつけてください。

全くあてはまらない：1 点　ほとんどあてはまらない：2 点　ややあてはまらない：3 点
どちらともいえない：4 点　ややあてはまる：5 点　ほとんどあてはまる：6 点
とてもあてはまる：7 点

| No. | Job Rating Form | V | I | S | A | F |
|---|---|---|---|---|---|---|
| 1 | その仕事は、どのように遂行するかということについて、本人に決定させる余地が大きい | | | | | |
| 2 | その仕事は、工程の一部分ではなく、最初から最後までの全体的な工程を担っている | | | | | |
| 3 | その仕事は、本人の多様なスキルや能力を活用するような多くの異なる業務を要求している | | | | | |
| 4 | その仕事の成果は、他の人々の幸福や生活に重要な影響を与えている | | | | | |
| 5 | 本人の業務遂行の良し悪しに関する手掛かりが、上司や同僚からのフィードバックとは別にその仕事そのものから得られる | | | | | |
| 6 | その仕事は、多くの複雑で熟練したスキルを要求している | | | | | |
| 7 | その仕事は、最初から最後までの仕事の全体的な工程を担うチャンスを提供するようにアレンジされている | | | | | |
| 8 | その仕事に求められる作業を遂行することは、本人がやったことの良し悪しを理解する多くのチャンスを提供する | | | | | |
| 9 | その仕事は、全く単純で反復的ではない | | | | | |
| 10 | その仕事は、本人の業務遂行の良し悪しによって多くの他の人々が影響を受ける可能性がある | | | | | |
| 11 | その仕事は、業務遂行に関する本人の独創力や判断力を活用するチャンスを与える | | | | | |
| 12 | その仕事は、本人が着手した仕事を最後まで完了する機会を提供する | | | | | |
| 13 | その仕事そのものから、業務遂行の良し悪しに関する手掛かりを得ることができる | | | | | |
| 14 | その仕事は、業務遂行における自律的で裁量の余地を与えるような機会を提供する | | | | | |
| 15 | その仕事そのものは、物事の幅広い計画において重要な意味をもっている | | | | | |
| | 縦軸の点数を平均してください（小数点第 1 位まで） | | | | | |

MPS（Motivatiing Potential Score）＝｛(V＋I＋S)÷3｝×A×F

出所）Hackman, J. R., Oldham, G. R. (1980) *Work Redesign*, Addison-Wesley Publishing Company

職務特性診断の集計結果の職種別の参考値

| | 集計結果 | 参考値 | | | | |
|---|---|---|---|---|---|---|
| | | 専門・技術 | 管理 | 事務 | 営業 | サービス |
| V：多様な技能が必要（Skill Variety） | | 5.4 | 5.6 | 4 | 4.8 | 5 |
| I：一人で完結する（Task Identity） | | 5.1 | 4.7 | 4.7 | 4.4 | 4.7 |
| S：重要だと思える（Task Significance） | | 5.6 | 5.8 | 5.3 | 5.5 | 5.7 |
| A：自律的（Autonomy） | | 5.4 | 5.4 | 4.5 | 4.8 | 5 |
| F：フィードバックが得られる（Feedback from job） | | 5.1 | 5.2 | 4.6 | 5.4 | 5.1 |
| MPS | | 148 | 151 | 97 | 127 | 131 |

出所）Hackman, J. R., Oldham, G. R. (1980) *Work Redesign*, Addison-Wesley Publishing Company, p.317 より加筆修正

コアを参照していただきたい。質問項目の内容がスコアを高めるための具体的な行動のヒントになるはずである。

このように、職務特性モデルにしたがって、定型的な仕事に対する意欲や成長感を高めることにより、基本的な取り組み姿勢である主体性や責任感などのスタンス（態度）を醸成することができる。入社直後の1年目から3年目にかけて、徐々に部下の仕事の意義や自律性およびフィードバックのあり方を見直しながら仕事をアサインすることが不可欠である。

## 指示的ＯＪＴから説得的ＯＪＴへ

### ◆部下の成熟度に応じて上司の行動スタイルも変化させる

入社直後の3年間で部下の仕事のアサインのあり方を見直すと同時に、上司のＯＪＴ行動スタイルも変化させることが必要である。入社直後は「指示的ＯＪＴ」が適応的だが、アサインする仕事の特性と本人の成熟度の向上にしたがって「説得的ＯＪＴ」へと移行することが不可欠である。

具体的には、細かい仕事の手順や方法などを一方的に教示す

るだけでなく、部下に仕事の効率的な手順や進め方を主体的に考えさせたり、質問して内省を促したりすることである。たとえば、教示した仕事の手順や進め方について、その理由などを質問して答えさせたり、その際のコツやポイントを考えさせたりすることである。

## ◆若手の能力を向上させる仕事の与え方

先にも紹介した教育学者である中原淳氏は、今回の調査とは別のアンケート調査によって、入社2年目の若手社員に対する上司の業務経験付与のあり方と部下の能力向上の関係を定量的に検証している。日常的に上司が部下の能力向上を高めるためには、次の3つの支援が有効であるという。

まず、①仕事の前工程・後工程や仕事の目的などの仕事の説明をする。次に、②現有能力を超えるストレッチの経験を与える。そして、③定期的なモニタリングや内省を促す[53]。

上司からのこうした日常的な支援が、部下の能力向上に関係しており、部下が確実に業務知識やスキルおよび基本的なスタンスを体得することを促進すると考えられる。

断片的で定型的な仕事であっても、その仕事の前後の工程を説明して目的や価値を事前に説明することによって、仕事の意義を理解させることはできる。また、あらかじめルールや手順が決められた定型的な仕事であっても、より効率的にしたり効果的にしたりする方法を考えさせる余地はある。そして、部下の仕事への取り組み状況を観察し、問題があれば適切な質問をすることによって内省を促して主体的に答えを考えさせることもできる。

今回のインタビュー調査の中で、たまたま上司と長期出張をした際に、「上司が自らの経験を語りながら、じっくりと仕事の意義や仕事への取り組み姿勢に関する薫陶を与えられたことが、その後の成長に大きな影響を与えた」というエピソードを語ってくれた技術者がいた。こうした上司からの薫陶が、部下の人生を大きく変えることになるのである。

## ◆仕事に特有の取り組み姿勢についての指導

仕事への取り組み姿勢に関するスタンスの学習の中でも、その仕事に特有の価値観や態度を学習させるためには、どうすればよいのであろうか。

日常的な仕事を通して経験的な学習を重ねていくことは当然だが、上司や先輩の行動を観察させたり、当該職種にまつわる逸話や武勇伝などのエピソードを語り聞かせたりすることが効果的である。

また、本人の行動に対して、日常的な職場もしくは職場を離れた場所での対話によるフィードバックなども有効である。こうした対話には職場の身近な上司や先輩

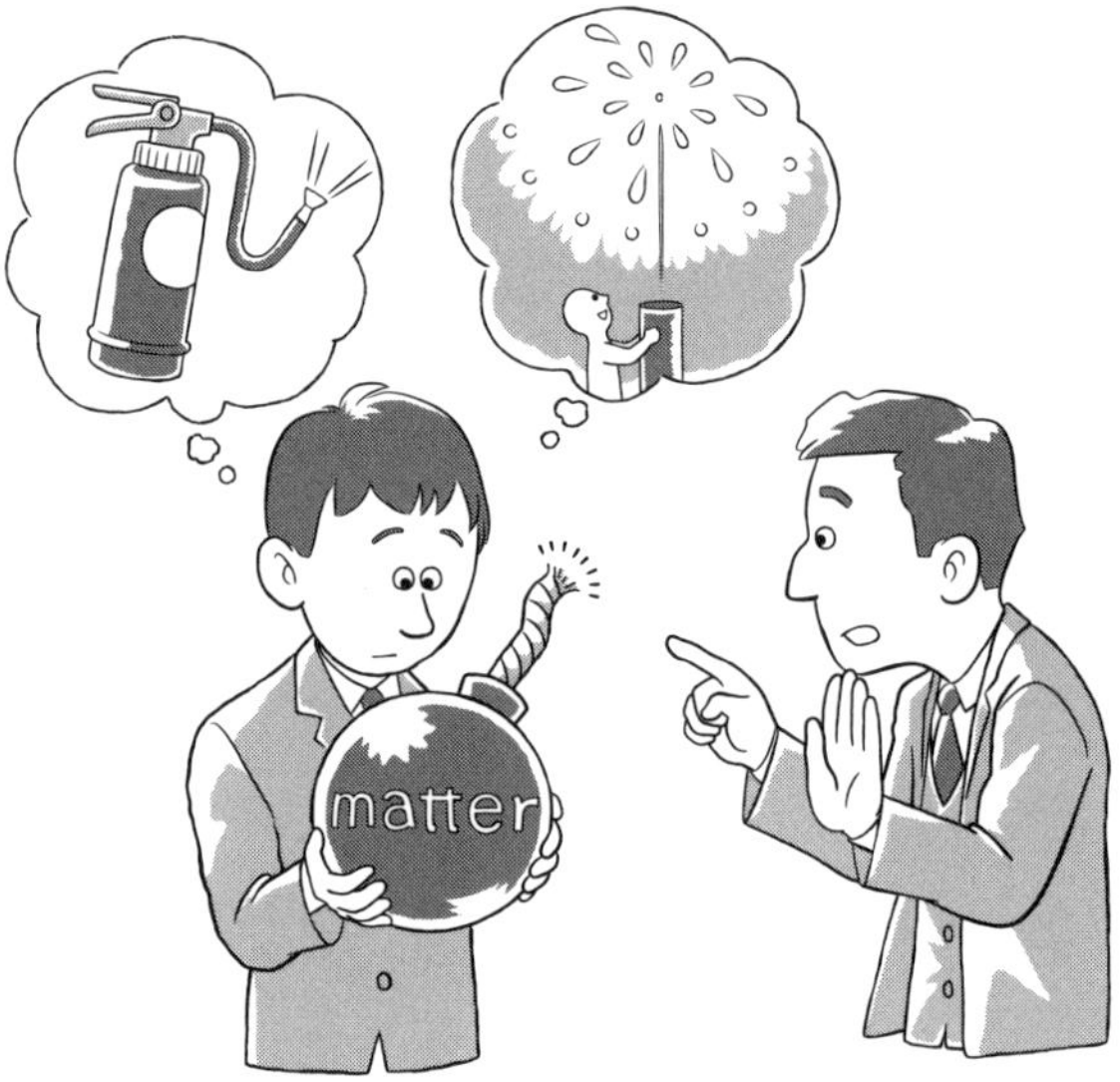


の支援が不可欠だが、往々にして、業務中の職場よりも別の時間と場所の方が望ましい。業務終業後に場所を変えて、落ち着いてじっくりと話し合いができるような機会の方が期待される効果は高くなる。特に内省的な支援や精神的な支援をする際は、静かな居酒屋でリラックスしながら語り合ってみてはいかがであろうか。

## ◆主体性を習得させるための日常的な関わり方

最後に、若手社員の主体性を習得させるための日常的な関わり方について、様々な課題解決が求められるような仕事に関して、筆者が経験してきたリクルート社でのマネジメントの定石を紹介しよう。

本人が定型的な仕事にも慣れてきた頃、仕事上のトラブルなどの問題が生じて、上司のところに報告や相談に来た際に、上司が直接的に解決策を教示するのではなく、「君は、どうすべきだと思うのか」もしくは「君は、どうしたいと思うのか」などと部下に問うことである。こうすることによって、部下は上司に報告相談する際に、自分なりの解決策を持参していかなければ叱責されることを学習し、主体的に問題解決に取り組む姿勢が身につくのである。

極めてシンプルだが、こうした問いかけによって、部下が主体的に問題解決に取り組む姿勢や態度が体得されることは間違いない。

# 第12章

# 入社5年目前後の半人前の中堅社員の人材育成

## 挑戦的な仕事によって自己効力感を高めて自信をつけさせる

入社3年目頃までに業務遂行に必要な知識やスキルおよび基本的なスタンスを習得して若手社員としての基盤が形成されると、4年目頃からは中堅社員として飛躍するためのステージに至る。上司の援助なしに仕事を完璧に遂行するまでには至らない半人前だが、自律的に不確実で困難な仕事に挑戦することが要求されはじめる。

このステージでは、それまでに経験したことのない不確実で困難な仕事への挑戦を通して成功体験を積み重ね、時には挫折を克服することによって、仕事への自己効力感を醸成して自信をつけて、組織や職種に特有のアイデンティティの基盤を形成することが特徴的である。

では、半人前の中堅社員が飛躍するためには、上司はどのような仕事経験の機会を提供すべきなのであろうか。

今回の調査でのインタビュー内容から、入社4年目から6年目での成長の転機となる仕事上の経験を詳細に見てみると、いくつかの特徴的な仕事経験に集約される。「新たな部署での仕事経験」、「新規プロジェクトの立ち上げ」、「他部署との協働」、「社外との折衝」、「関連会社や大学などの他組織への出向」、「困難な仕事での成功体験」、「挫折の克服」、「後輩の指導やチームリーダー」などである。

これらの仕事上の経験に共通する特徴は、それまでの仕事での業務遂行に必要な知識やスキルの延長線では対応できない、新たな次元での知識やスキルの習得を伴う挑戦的で困難な仕事である。そして、こうした仕事上の経験を通して、自己効力感を高めて自信をつけるのである。

松尾睦氏によれば、中堅社員を育てるための仕事をアサインするためには、以下の3つの具体的な業務支援が有効であると提唱している。[54]

**（1）他部門や外部との関係づくり**

具体的には、他部門と連携し、新たなチームやプロジェクトを設置したり、提案したりすること。本部から提供された機会を活用すること。顧客や取引先等からの参加オファーを活用すること。

**（2）業務の見直し**

具体的には、上位者が実施する業務を与えること。自身の管理的業務を与えること。

（3）新たな役割づくり

具体的には、部内での新しいチームや業務を設置すること。上司と話し合い、業務を設置すること。

## 本人にとって挑戦的で困難な、具体的で明確な目標を設定する

ところが、本人にとって挑戦的で困難な仕事は、一般的には辛い経験でもある。今日の日本では、入社前から挑戦的で上昇志向が極めて高い若手社員などそれほど多くはない。また、誰もがこうした仕事を喜んで引き受けるとは限らない。しかし、会社や上司の業務命令に従わざるを得ず、最初は嫌々ながら新たな仕事をし始めることが少なくない。

それゆえに、上司には、本人にとって挑戦的で困難な仕事への動機づけが求められる。新たな仕事への挑戦に際して、部下を動機づけてパフォーマンスを高めるためには、具体的な目標を設定することが最も効果的である。

困難で具体的な目標を設定することによって、モチベーションを高めると同時にパフォーマンスを向上させることが科学的に明らかにされている。動機づけ理論の

権威であるE・A・ロックとG・P・レイザムの実証研究によって導出された命題は以下の３つである。

（１）具体的な目標は、曖昧なあるいは概略的な目標に比べて、より確実に活動を方向づける。
（２）具体的な目標は、はっきりした期待を生み出す。
（３）目標は、難しければそれだけ、あるいはやりがいがあればあるほど、その結果としての成果は高くなる。

そして、具体的な目標設定のステップは、以下の手順で実施する。

①実行すべき大まかな目的や課題を明確にする（課業の性質：職務記述書を明確にする）。
②業績の測定方法を明確にする。
③到達すべき基準や標的を明確に示す。
③時間的範囲を具体的に示す。
④目標に優先順位をつける。
⑤目標の困難度と重要度を評価する。
⑥目標達成に関する調整をして、課業が相互依存的な場合は集団目標（ただし、

集団の成果に対する個人の寄与度を測定する方法を示す）を用いる。(55)

こうした具体的かつ明確で困難な目標は、あらかじめ部下にも相談しながら納得させた上で設定することが前提となる。上司が、部下の意見や気持ちも聞かずに一方的に設定することは忌避しなければいけない。あくまでも目標設定に部下を参加させることが不可欠である。

なお、こうした目標設定モデルの根底にある動機づけとは、目標達成による成就感と有能感である。１９９０年代後半からの成果主義人事制度の導入によって、報酬制度と連動した業績評価のために目標管理制度を運用している日本企業も少なくないが、本来の目標設定の目的はこうした動機づけに基づくパフォーマンスの向上である。

いずれにしても、上司が部下の中堅社員を育成するために、上司の裁量によって成長を支援する仕事を創出して与える余地は少なからず残されている。こうした意図的な仕事の与え方を工夫することが、人材育成を担う管理者としての責務であろう。

## 説得的ＯＪＴから参加的ＯＪＴへ

半人前の中堅社員としての成長ステージで求められる上司のＯＪＴのスタイルは、説得的ＯＪＴから参加的ＯＪＴに移行することが望ましい。挑戦的で困難な仕事に具体的な目標を設定する際にも、部下に参加させることが必要であるように、指示的な行動スタイルの割合を弱めて協同的なスタイルが中心となる。仕事の内容も不確実性の高い困難な仕事が多くなるため、あらかじめ効率的な手順や方法が規定されている演繹的なアプローチではなく、部下と協同して課題解決策を探索する帰納的なアプローチの割合が増えてくる。

具体的には、目標達成に向けて進捗状況をモニタリングし、折に触れて声をかけながら適切な質問やポジティブなフィードバックを提供するなどして、部下の内省を促すことが求められる。

いずれにしても、上司は、部下の仕事への直接的な関わりから徐々に間接的な関わりへと行動スタイルを変えることが肝要である。

## 自己効力感を高めるために

このステージでの上司による部下への関わり方と支援の中でも、本人に自信をつ

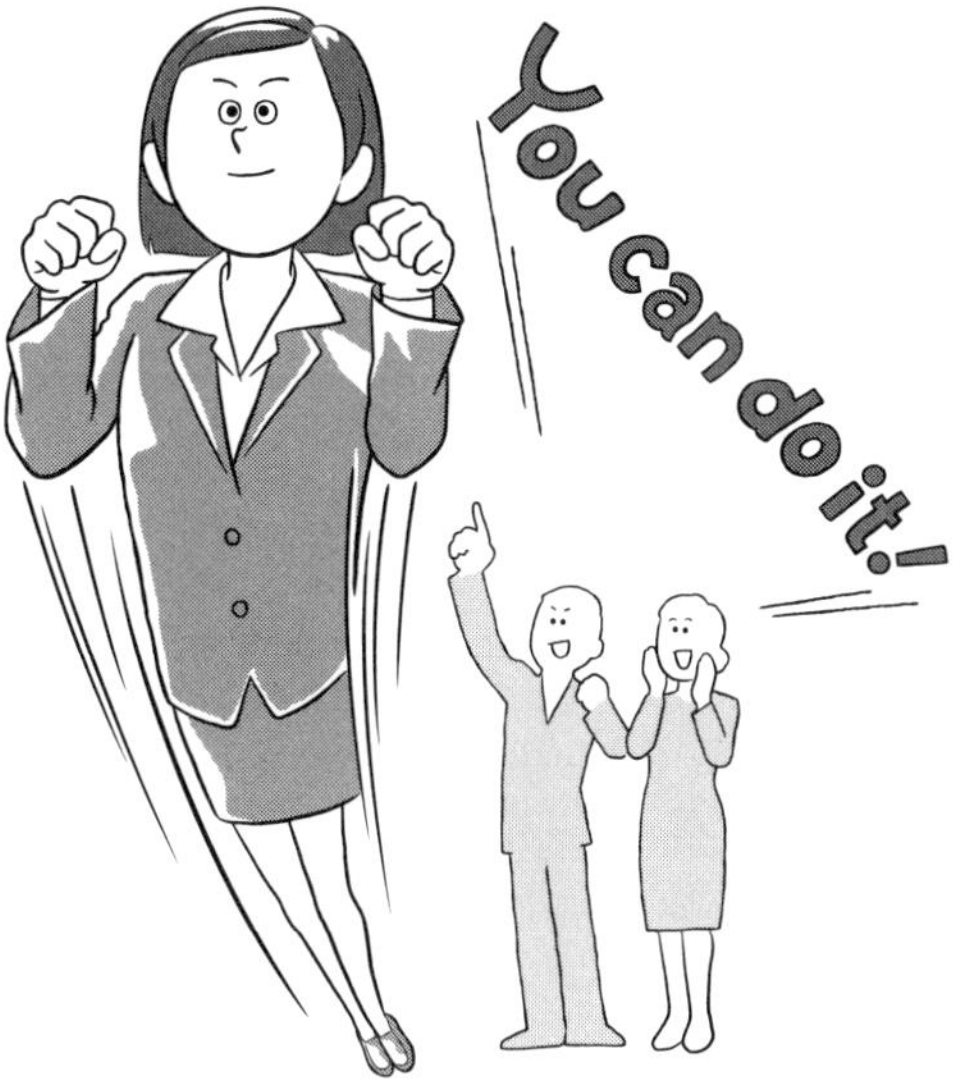


けさせることが次のステージに上るために重要かつ不可欠な学習である。そのためには、本人の仕事への自己効力感を高めることが不可欠である。

一般的に、自己効力感とは、あることに対して「やればできる」という能力に対する信念のことであるが、日常的な自己効力感は、本人の生理的状況や効力感を左右する本人の健康状態や気分（感情的状態）に依存している。また、本人の自己効力感を高めさせるためには、３つの方策が有効であると考えられている。[56]

**（１）「制御体験」**
「やればできる」という信念を形成させる成功体験である。

**（２）「代理体験」**
成功体験がなくても、自分に似た周囲の身近な人々の成功を観察することによってモデリングすることである。

**（３）「社会的説得」**
他人から「やればできる」（You can do it!）と説得されることである。

日常生活の中でも、しばしば相手を応援する意味で「頑張れ」という励ましの言葉が使われるが、「やればできる」と言われた方が効果的な場合が少なくない。信頼する上司や目上の人間から「君ならば、できる！」と言われた方が、挑戦的で困難な目標でも、「やってみよう！」という気持ちが高まるのではないだろうか。

筆者のビジネスでの経験の中でも、上司などから無理難題を押し付けられる際に、「君ならばできるだろう」と声をかけられながら強く握手されたりすると、ついついやる気になってしまった経験は少なくない。そこで、自分が上司になってからは、こうした励ましの言葉を活用して部下をその気にさせてきたのだが、人間とは、案外、単純な生き物なのではないかと思ってしまう。

# 第13章

# 入社7年目頃以降のベテラン中堅社員の人材育成

## 組織的にインパクトの大きな仕事を任せ、事業や組織に関する視野を拡大させる

半人前の中堅社員として上司の援助を受けながら不確実で困難な仕事に挑戦して自信をつけると、入社7年目頃には、組織的にもインパクトの大きな仕事で自律的に重責を担うベテラン中堅社員としてのステージに至る。この成長ステージでの仕事経験や様々な人との関わりを通して、自分のキャリアや生き方を見つめ直し、自部門や自社の事業スコープや組織的スコープを広げて、これまでは見えなかった一つ上の目線での視野を拡大することが重要になる。

では、このステージでの仕事経験とは、具体的にどのようなものなのだろうか。今回の調査でのインタビュー内容から、入社7年目以降の成長の転機となる仕事上の経験を詳細に見てみると、「海外企業との交渉」、「新製品や新規事業プロジェク

ト」、「異なる事業部門や他部門との調整」、「部門横断的なプロジェクトの立ち上げ」、「本社管理スタッフへの異動」、「リーダーや実質的なマネジメント」、「事業ビジョンや戦略の策定」などである。

こうした仕事上の経験に共通することは、影響力を行使する相手のポジションなどのレベルが高いことである。社内では事業部門や職能部門などの課や部を超えた大きな組織グループであり、社外の組織も海外企業や子会社などである。それゆえに、組織的にもインパクトの大きな仕事であり、その成果は組織的にも大きな意味をもつ重責である。

ところが、本人のポジションは、公式的な権限をもつ管理職でもない（係長や主任などの肩書はあるかもしれないが）一般社員でしかない。すなわち、自分よりもポジションが上の様々な人々を巻き込みながら影響力を発揮するための本質的なリーダーシップが問われているのである。そして、こうした重責を担う仕事経験を通して、自社の事業や組織に関するスコープを広げて視野を拡大することが求められている。

では、こうした事業や組織のスコープを拡大させるためには、どうすればよいのであろうか。

**図 13-1　シングルループとダブルループの違い**

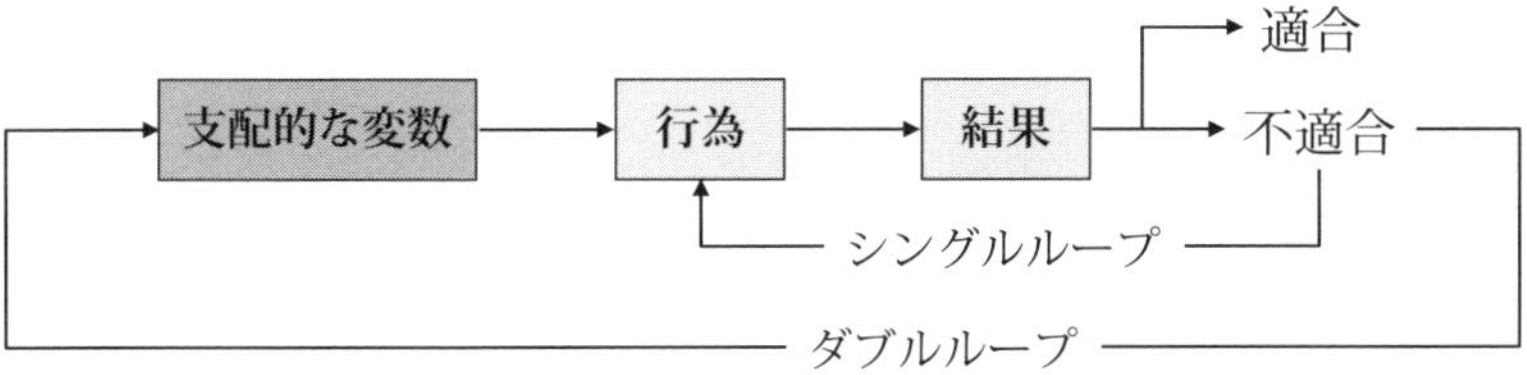


出所）Argyris, Chris (1992) *On Organizational Learning Second Edition*, Blackwell Publishers, p.68

## 「シングルループ学習」から「ダブルループ学習」へ

まず、視野を拡大するための学習のメカニズムを考察してみよう。

学習理論で著名なクリス・アージリスらによれば、学習サイクルの形態は、大きく分けて「シングルループ学習」と「ダブルループ学習」に大別することができる（**図13-1**）。前者のシングルループ学習では、様々な結果情報から多くのことを学習して知識を蓄積することによって、より効率的かつ確実に業務を遂行することができるようになる。他方、後者のダブルループ学習では、支配的な変数として意思決定の判断基準そのものを問い直すような学習であり、根本的な前提条件を見直すことによって画期的な業務遂行が可能になる。たとえば、サーモスタットは適温に近づけるためのシングルループ学習を繰り返すが、人間にとっての適温とは何かを問い直して学習することがダブルループ学習であるという[57]。すなわち、メタ認知的な学習サイクルを形成している。

つまり、ベテラン中堅社員として、大きな仕事を成し遂げるためには、目先の仕事だけでなく、一つもしくは二つ上の役職の目線で、事業や組織のあるべき姿を見極めるようなダブルループ学習がしばしば求められている。

そのためには、上司が部下の「日常の論理」に批判的な考察を促すような学習をさせることが肝要であるという[58]。

## 国内の地方拠点や海外拠点と本社管理スタッフの仕事経験

### ◆国内の地方拠点、海外拠点での仕事経験

ダブルループ学習を促進させる可能性の高い仕事は、具体的にどのようなものであろうか。

まず、今回の調査結果では、事業に関するスコープを拡大させる成長の転機の出来事に共通する特徴の一つとして、本社が所在する大都市圏などの大きな市場を担当する部署よりも、国内の地方拠点や海外拠点および関連会社などでの仕事上の経験が少なくなかった。

一般に、大都市圏などの市場での活動は、社内外の情報量は多いかもしれないが、大市場の中では相対的に担当する仕事の影響力が希薄になり、組織的成果を出すための歯車の一つでしかないことが多い。逆に、国内の地方拠点や海外拠点での仕事は、情報量が限定されたり本社の動向に関する情報は少なくなるが、担当エリアの市場全体を俯瞰的に見渡したり、グローバルな市場を理解したりする機会になる。また、本社や事業本部の動向を達観的に見る機会にもなる。

そして、国内外の拠点にいると、しばしば経営幹部や本社スタッフをはじめとした社内外の要人などとの密接な接触の機会も珍しくない。大都市圏や本社などの大所帯の組織の中ではコンタクトする機会は限られているが、こうした要人などが拠

点を訪問した際には、じっくりと彼らとコンタクトして直接的に薫陶を受ける機会が少なくない。実際に、今回のインタビュー調査の中で、自社の経営幹部だけでなく、他社のエグゼクティブからも貴重な薫陶を受けたエピソードを語ってくれたケースが複数あった。

地方拠点や海外拠点および関連会社などでの仕事の経験は、こうした様々な要因が積み重なることによって、大局的な視野を養うための絶好の機会になっているとも考えられる。ひと昔前までは、地方拠点への異動や関連会社への出向などは、片道切符の左遷などと揶揄されていた。ところが、今日ではこうした機会が、視点を変え視野を拡大させる良質な成長の機会として見直されはじめている。

### ◆本社スタッフなどの中枢ポストでの仕事経験

次に、組織的なスコープを拡大させるためには、本社スタッフを経験させることが最も効果的である。実際に、今回の調査の中でも、ラインから本社スタッフへの異動が組織的な視野を拡大させることに深く関係していた。本社スタッフは、様々な事業部や職能組織との調整を図る仕事が多く、社内の様々なエグゼクティブクラスとの接触の機会も多い。より大局的な視野を拡大させて、実際に社内資源を動員するためには、社内の人的ネットワークを拡大することが重要な意味をもつ。

こうしてみると、事業や組織のスコープを拡大させるためには、特定の中枢的なポストが関係していることが少なくない。たとえば、中央省庁などのスタッフィング（配置異動）では、将来的な幹部としての出世コースと呼ばれる「中枢的キャリア」(59)は、非公式的に歴任ポストが暗黙の了解として決められていることが少なくない。こうしたポストの中には、行政や組織のスコープを拡大する機会となるポストが必然的に組み込まれている。大手企業などでも、経営幹部の長期的な社内キャリアに関して、しばしば中枢的キャリアが非公式に語られることがある。ビジネスの世界では、こうした中枢キャリアに関する配置異動は、管理職に昇進する直前のベテラン中堅社員の時期から始まっているのかもしれない。

## 仕事そのものによる内発的な動機づけ

この時期のベテラン中堅社員にとって、組織的にもインパクトの大きな重責を担うがゆえに、精神的なプレッシャーはさらに増すばかりである。上司によっては、部下の仕事へのモチベーションに拍車をかけるために、昇進や高額な報酬などの外発的なインセンティブをちらつかせたりすることもある。

しかしながら、上司からのこうした報酬的なインセンティブ（誘因）は、意図せずして本人の内発的なモチベーションやパフォーマンスを低下させることが懸念される。

## ◆内発的動機づけとは

最近のモチベーション理論として注目されている概念は、「内発的動機づけ」である。この理論の代表的な研究者であるE・L・デシによれば、内発的動機づけとは、仕事そのものに動機づけられ、働くことそのこと自体が生きがいとなる動機づけである。他方、「外発的動機づけ」とは、個々人の外にある、賃金や昇進などの報酬に象徴される外部からのインセンティブによって動機づけられることである。

趣味などでは、寝食を忘れて夢中になってその行為に没頭してしまうことがしばしばある。筆者も学生時代は登山が趣味で、岩登りをしている最中は、登り続けること以外は何もかも忘れて、夢中になって岸壁に張り付いていた。こうした精神的な状態は、「フロー」と呼ばれているが、本人はドーパミンが豊富に分泌されて快楽を味わうことができる。(60) こうした精神状態が、内発的に動機づけされている状況である。趣味だけでなく、専門家や芸術家などのプロフェッショナルの仕事にも共通してみられることが知られている。

内発的動機づけは、主に人間が本能的にもっている「有能感」と「自己決定感」という2つの意思(欲求)を支柱としている。人間は誰でも環境との相互作用の中で、自らの認識を深めたり、スキル（技能）を高めたりして、有能でありたいという本能的な欲求をもっている。また、学習の過程に自ら進んで参加し、自分の行動は自ら決定したいという本能的な欲求をもっているという。

そして、内発的動機づけは、主に試行錯誤による学習が要求されるような創造的な仕事のパフォーマンスを向上させる。他方、外発的動機づけは、主に短期的に明確な成果が要求されるような仕事のパフォーマンスを向上させる。また、これらの動機づけはトレードオフの関係が成立するため、内発的動機づけが高まっているときに、外発的動機づけを強化すると、前者は減退することになる。(6-1)

ベテランの中堅社員が担う仕事は、組織的にもインパクトが大きいだけでなく、実際にやってみなければ先が見えない、極めて不確実で創造的な仕事でもある。それゆえに、内発的な動機づけによるパフォーマンスの向上が求められ、逆に外発的な動機づけは内発的動機づけの状態を阻害してパフォーマンスを低下させることが懸念される。

### ◆内発的動機づけを高めるには

では、上司は、部下の内発的動機づけを高めるために、どのように関わりながら支援すべきなのであろうか。

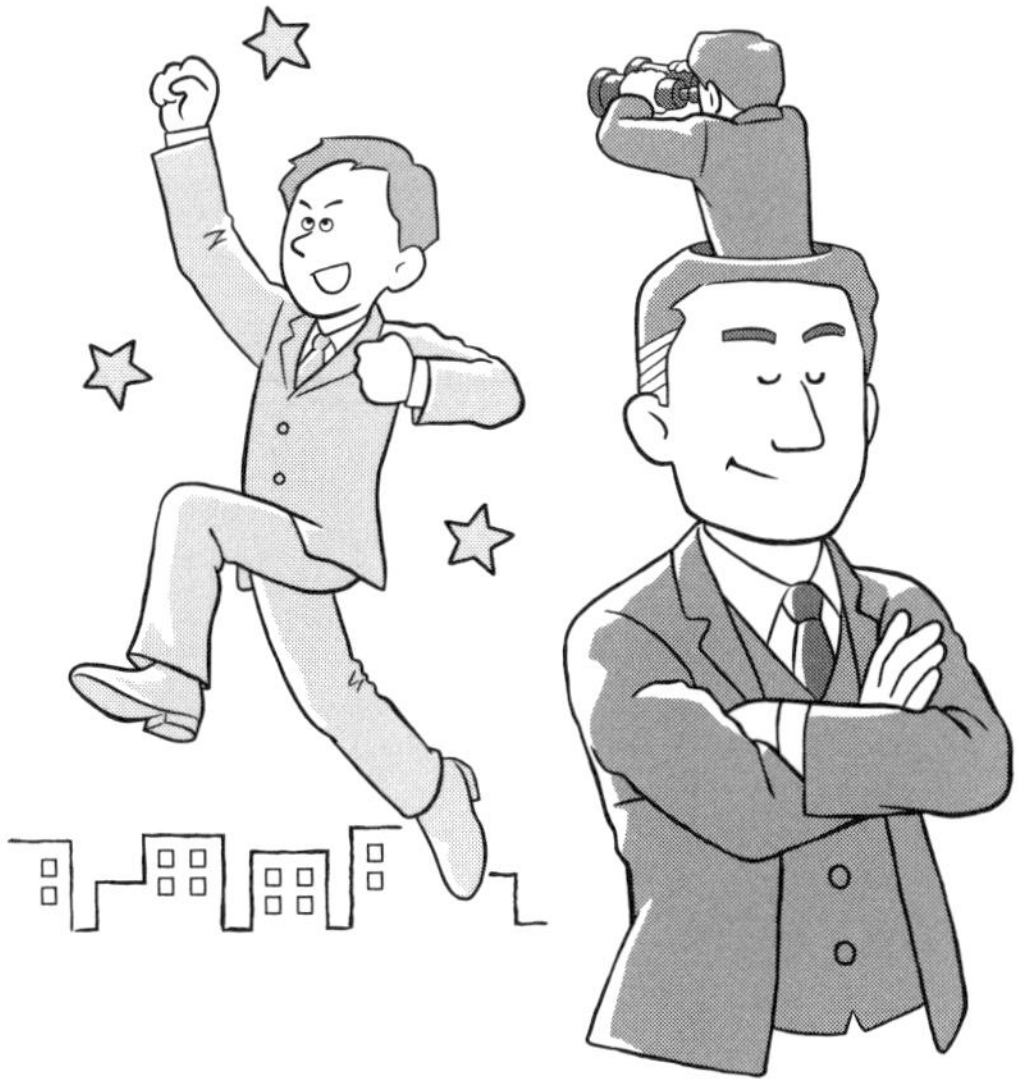

部下の行動を協力的にサポートする情緒的もしくはポジティブなフィードバックによる内省の促進は、本人の有能感や自己決定感を高めて内発的な動機づけを増大させることが知られている。ここでもコーチングやファシリテーションのスキルが要求されることになる。

逆に、部下に圧力をかけたりネガティブなフィードバックをしたりすると、減退してしまうのである。昇進などの外部からの報酬インセンティブが内発的な動機づけを減退させてしまうということである。

## 部下を信頼して「仕事を任せても、任せっ放しにしない」委任的ＯＪＴ

最後に、この時期のステージにおけるベテラン中堅社員の仕事の任せ方について言及しておこう。上司によるＯＪＴのスタイルは、参加的ＯＪＴから委任的ＯＪＴの割合が増えてくる。ここでの委任的ＯＪＴによる理想的な上司の関わり方や支援とは、あくまでも上司が仕事の責任をとるが、仕事そのものは部下に任せて思う存分にさせることである。上司の役割は、部下が思うように仕事を進めて自律的な学習を促進させるためのお膳立てをするようなものである。

そのためには、日頃から部下の能力やスタンス（態度）を見極めて、信頼して仕事を任せることである。ただし、仕事を「任せたうえで、任せっ放しにしない」[62]ことが優れたマネジメントの要諦である。

# 補　足〈ロジット回帰分析〉

今回のインタビュー調査の結果について、パフォーマンスによる差異を統計的に分析する際に、統計解析に造詣の深い同僚である東北大学大学院経済学研究科教授で、サービス・データ科学研究センター（ＤＳＳＲ）長の松田安昌氏にロジット回帰分析を依頼した。その分析結果について補足する。

まず、ロジット回帰分析とは、従属変数がスケール尺度ではなくダミー変数の場合などに活用される。今回の調査結果は、従属変数がハイパフォーマーかノン・ハイパフォーマーかという１か０かのダミー変数であるため、ロジット回帰分析が有効である。

ロジット回帰分析の結果は、いくつかのカテゴリーに分けて分析している。全体傾向、事務系、事務系ハイポテンシャル企業（３社４２名）、技術系である。正の相関関係はプラスだが、負の相関関係はマイナスの表示がされている。また、グレーのセルの数値は、１０％有意性（P<0.1）であることを意味している。

**補足図　パフォーマンス（ダミー）を従属変数としたロジット回帰分析**

※グレーのセルの数値は 10% 水準で有意

| 全体 | | Nショック | 初期 | 中期 | 後期 |
|---|---|---|---|---|---|
| 成長の転機の頻度 | 人による転機 | -0.629 | 0.329 | 0.356 | 0.506 |
| | 仕事経験による転機 | -0.708 | 0.215 | 0.288 | -0.105 |
| | その他の転機 | -0.611 | -0.456 | -0.338 | -0.196 |
| 転機での学習内容 | 専門スキル | -0.649 | 0.037 | -0.037 | -0.382 |
| | 組織スキル | -0.644 | -0.465 | 0.212 | 0.068 |
| | 技術スコープ | -0.806 | 2.481 | -0.037 | -0.274 |
| | 事業スコープ | -0.696 | -0.723 | 0.020 | 0.125 |
| | スタンス | -0.649 | 0.170 | -0.020 | -0.003 |
| 転機の頻度：7年ダミー変数 | | | | | 0.563 |

| 事務系 | | Nショック | 初期 | 中期 | 後期 |
|---|---|---|---|---|---|
| 成長の転機の頻度 | 人による転機 | -0.517 | 0.430 | 0.170 | 1.538 |
| | 仕事経験による転機 | -0.898 | 0.218 | 0.219 | -0.090 |
| | その他の転機 | -0.768 | -0.188 | -0.791 | -0.038 |
| 転機での学習内容 | 専門スキル | -0.837 | 0.217 | -0.206 | -0.020 |
| | 組織スキル | -0.868 | -0.500 | -0.048 | 0.194 |
| | 事業スコープ | -0.809 | -0.667 | 0.288 | 0.167 |
| | スタンス | -0.757 | 0.253 | -0.113 | 0.170 |

| 事務系ハイポテンシャル | | Nショック | 初期 | 中期 | 後期 |
|---|---|---|---|---|---|
| 成長の転機の頻度 | 人による転機 | -1.695 | 0.254 | 0.213 | 1.509 |
| | 仕事経験による転機 | -1.987 | 0.304 | 0.370 | 0.328 |
| | その他の転機 | -1.892 | 0.718 | -1.664 | 0.492 |
| 転機での学習内容 | 専門スキル | -1.523 | -0.110 | -1.101 | -0.635 |
| | 組織スキル | -2.005 | -0.617 | 0.451 | 0.504 |
| | 事業スコープ | -1.763 | -0.977 | 0.727 | 0.230 |
| | スタンス | -1.815 | 0.412 | 0.035 | 0.473 |

| 技術系 | | Nショック | 初期 | 中期 | 後期 |
|---|---|---|---|---|---|
| 成長の転機の頻度 | 人による転機 | -1.066 | 0.804 | 1.309 | 0.307 |
| | 仕事経験による転機 | -0.612 | 0.498 | 0.662 | 0.258 |
| | その他の転機 | -0.446 | -0.826 | -0.201 | -0.159 |
| 転機での学習内容 | 専門スキル | -0.444 | -0.618 | 0.499 | -1.723 |
| | 組織スキル | -0.503 | -0.438 | 0.352 | 0.046 |
| | 技術スコープ | -0.746 | 2.323 | -0.254 | -0.461 |
| | 事業スコープ | -0.474 | -0.375 | -0.712 | 0.111 |
| | スタンス | -0.490 | 0.150 | 0.151 | -0.279 |
| 転機の頻度：2年目ダミー変数 | | | 1.958 | | |

# 参考文献一覧

## はじめに

（１）労働政策研究・研修機構（２０１７）『日本企業における人材育成・能力開発・キャリア管理』労働政策研究報告書、No.196

（２）Drucker, P. F. (1993) ***Post-Capitalist Society***, Harper Collins Publishers（上田惇生ほか訳『ポスト資本主義社会　２１世紀の組織と人間はどう変わるか』ダイヤモンド社、１９９３年）

（３）Reich, R. B. (1991) ***The Work of Nations***, Alfred A. Knopf, Inc.（中谷巌訳『The Work of Nations　２１世紀資本主義のイメージ』ダイヤモンド社、１９９１年）

（４）小関智弘（２００６）『職人ことばの「技と粋」』東京書籍

（５）西村浩一（２００１）「諸職の一人前と徒弟制度の民俗慣行」『東洋学園女子短期大学紀要』第３６巻。西村浩一（２００３）「芸人の一人前の民俗慣行」『東洋学園女子短期大学紀要』第３７巻

（６）Sloboda, J. A. (1991) "Musical expertise" Ericsson, K. A., Smith, J. eds. ***Toward a general theory of expertise***, Cambridge University Press, pp.153-171.

（７）松尾睦（２００６）『経験からの学習』同文舘出版

（８）尾高煌之助（１９９３）『職人の世界・工場の世界』リブロポート

## 第1章

（９）Lombardo, M. M. & Eichinger, R. W. (2010) ***Career Architect Development Planner 5th Edition***, Lominger International, p.iii.

（10）佐藤博樹（２０１２）『人材活用進化論』日本経済新聞社

(11) 畑村洋太郎（２００６）『組織を強くする技術の伝え方』講談社

(12) 小関智弘（２００６）『職人ことばの「技と粋」』東京書籍

(13) Lave, J., Wenger, E. (1991) ***Situated learning: legitimate peripheral participation***, Cambridge University Press（佐伯 胖訳『状況に埋め込まれた学習』産業図書、１９９５年）

(14) 野村幸正（１９９２）「「わざ」の形成」石崎俊、波多野誼余夫編『認知科学ハンドブック』共立出版

(15) Dick, W., Carey, L., Carey, J. O. (2001) ***Systematic Design of Instruction, the 5th edition***, Addison-Wesley Educational Publishers（角行之監訳『はじめてのインストラクショナルデザイン』ピアソン・エデュケーション、２００４年）

(16) 野村幸正（１９８９）『知の体得　認知科学への提言』福村出版

(17) 福島真人（２００１）『暗黙知の解剖　認知と社会のインターフェース』金子書房

## 第2章

(18) Gagne, R. M. (1977) ***The condition of learning Third Edition***, Holt, Rinehart and Winston（金子敏、平野朝久訳『学習の条件　第三版』学芸図書、１９８２年）

(19) Polanyi, M.(1966) ***The Tacit Dimension***, Routledge & Kegan Pau（佐藤敬三訳『暗黙知の次元：言語から非言語へ』紀伊国屋書店、１９８０年）

(20) Knowles, M. (1980) ***The Modern Practice of Adult Education***, Cambridge Adult Education（堀薫夫、三輪建二監訳『成人教育の現代的実践　ペダゴジーからアンドラゴジーへ』鳳書房、２００２年）

(21) War Manpower Commission Bureau of Training (1945) ***The Training Within Industry Report***, U. S. Government Printing Office

(22) Liker, J. K., Meier, D. P. (2007) ***Toyota talent***, McGraw-Hill（稲垣公夫訳『トヨタ経営大全①

人材開発（上）』日経ＢＰ社）
（23）Brown, J. S., Collins, A., & Duguid, P. (1989) "Situated Cognition and the Culture of Learning", *Educational Researcher*, Vol.18, pp.32-42（杉本卓訳「状況に埋め込まれた認知と、学習の文化」石崎俊、波多野誼余夫編『認知科学ハンドブック』共立出版、１９９２年）。美馬のゆり、山内祐平（２００５）『「未来の学び」をデザインする』東京大学出版会、１５２頁
（24）Kolb, D. A. (1984) *Experiential Learning*, Prentice-Hall
（25）Daudelin, M. W. (1996) "Learning from Experience Through Reflection," *Organizational Dynamics*, Vol.24, No.3, winter1996, pp.36-48
（26）大野耐一（１９７８）『トヨタ生産方式　脱規模の経営をめざして』ダイヤモンド社
（27）中原淳（２０１０）『職場学習論　仕事の学びを科学する』東京大学出版会
（28）Lohman, M. C. (2001) "Deductive and Inductive on-the-job Training Strategies" *Advances in Developing Human Resources*, Vol.3, No.4, November 2001, pp.435-441
（29）Hersey, P and Blanchard, K. H. (1969) *Management of organizational behavior*, Prentice-Hall（山本成二、水野基、成田攻訳『行動科学の展開』生産性出版、１９７８年）
（30）Koontz, H., O'Donnell, C. (1955) *Principles of Management -An Analysis of Management Function*, McGraw-Hill（大坪檀訳『経営管理の原則１　経営管理と計画』１９６５年）

**第４章**

（31）Bray, D. W., Campbell, R. J., Grant, D. L .(1974) *Formative Years in Business*, John Wiley & Sons（最上潤訳『企業は人をどう変えるか』ダイヤモンド・タイム社、１９７４年）
（32）南隆男（１９８８）「キャリア開発の課題」三隅二不二ほか編『組織の行動科学』福村出版
（33）Hall., D. T. (1971) "A Theoretical Model of Career Subidentity Development in

Organizational Settings," *Organizational Behavior and Human Performance*, Vol.6, pp.50-76

**第5章**

（34）楠見孝（２０１２）「実践知の獲得」金井壽宏、楠見孝編『実践知：エキスパートの知性』有斐閣

（35）Gagne, R. M. (1977) *The condition of learning Third Edition*, Holt, Rinehart and Winston（金子敏、平野朝久訳『学習の条件　第三版』学芸図書、１９８２年）

**第7章**

（36）石田英夫（２００２）「研究開発人材マネジメントの国際比較」石田英夫編著『研究開発人材のマネジメント』慶應義塾大学出版会。
福谷正信（２００７）『研究開発技術者の人事管理』中央経済社

（37）尾川信之（２００６）「企業内研究者の人材育成　一人前の研究者に向けたキャリア」小池和男編『プロフェッショナルの人材育成』ナカニシヤ出版

**第9章**

（38）厚生労働省のホームページ（http://www.mhlw.go.jp/file/06-Seisakujouhou-11650000-Shokugyouanteikyokuhakenyukiroudoutaisakubu/0000140595.pdf　２０１７年６月６日取得）

（39）経済産業省「社会人基礎力の調査」（２００５年）

（40）金井壽宏（２００２）『働く人のためのキャリア・デザイン』ＰＨＰ新書

（41）Feldman, D. C. (1976) "A Contingency Theory of Socialization" *Administrative Science Quarterly*, Vol.21, No.3, pp.433-452

（42）日本労働研究機構（２００１）『日欧の大学と職業』

（43）舘野泰一（２０１４）「入社・初期キャリア形成期の探求」中原淳・溝上慎一編著『活躍す

る組織人の探求　大学から企業へのトランジション』東京大学出版会
（44）Chesbrough, H. (2003) ***Open innovation: the new imperative for creating and profiting from technology***, Harvard Business School Press（大前恵一朗訳『OPEN INNOVATION』産業能率大学出版部、２００４年）
（45）今田幸子、平田周一（１９９５）『ホワイトカラーの昇進構造』日本労働研究機構
（46）McCall, M. W. Jr. (1998) ***High flyers: developing the next generation of leaders***, Harvard Business School Press（リクルートワークス研究所訳『ハイ・フライヤー』プレジデント社、２００２年）
（47）金井壽宏（２００２）『仕事で「一皮むける」』光文社
（48）大藪毅（２００９）『長期雇用制組織の研究　日本的人材マネジメントの構図』中央経済社
（49）八代尚宏（２００９）『労働市場改革の経済学』東洋経済新報社
（50）Luthans, F., Avolio, B. J., Avey, J. B., Norman, S. M. (2007) "Positive Psychological Capital: Measurement and Relationship with Performance and Satisfaction", ***Personnel Psychology 60***, Blackwell Publishing, pp.541-572

**第10章**

（51）Bandura, A. (1995) ***Self-efficacy in Changing Societies***, Cambridge University Press（本明寛、野口京子監訳『激動社会の中の自己効力』金子書房、１９９７年）

**第11章**

（52）Hackman, J. R., Oldham, G. R. (1980) ***Work Redesign***, Addison-Wesley Publishing Company
（53）中原淳（２０１２）『経営学習論　人材育成を科学する』東京大学出版会

**第12章**

（54）松尾睦（２０１７）「将来の管理職を育てる「仕事の任せ方」」日本政策金融公庫　調査月

報　May 2017 No.104、pp.38-43

（55）Locke, E. A. , Latham, G. P. (1984) *Goal setting*, AMACOM（松井賚夫、角山剛訳『目標が人を動かす効果的な意欲づけの技法』ダイヤモンド社、１９８４年）

（56）Bandura, A. (1995) *Self-efficacy in Changing Societies*, Cambridge University Press（本明寛、野口京子監訳『激動社会の中の自己効力』金子書房、１９９７年）

## 第13章

（57）Argyris, C. (1992) *On Organizational Learning Second Edition*, Blackwell Publishers

（58）Argyris, C. (1991) "Teaching Smart People How To Learn," *Harvard Business Review* 1991 May

（59）Schein, E. H. (1978) *Career Dynamics: Matching Individual and Organizational Needs*, Addison-Wesley（二村敏子訳『キャリア・ダイナミックス』白桃書房、１９９１年）

（60）Csikszentmihalyi, M. (1975) *Beyond boredom and anxiety*, McGraw-Hill Education（今村浩明訳『楽しみの社会学　改題新装版』新思索社、２０００年）

（61）Deci, E. L. (1975) *Intrinsic motivation*, Plenum Press（石田梅男、安藤延男訳『内発的動機づけ』誠信書房、１９８０年）

（62）伊丹敬之（１９８６）『マネジメント・コントロールの理論』岩波書店

# 索　引

# おわりに

今回の調査で明らかになった記述統計的な事実は、日本企業の若手社員の成長プロセスに関する一つの手がかりでしかない。また、インタビュー調査対象者が126名に限定されており、定量的な統計解析による検証も決して十分ではない。そして、実際の若手社員の成長プロセスは、現実的には、成長の節目となる転機での出来事だけでなく、日常的な職場の中での日々の業務活動や職場外でのワークライフにおける様々な活動によって、多種多様な学習を積み重ねて成長するプロセスである。

しかし、飛躍的に成長する節目となる転機での学習は、一人前に成長するまでの成長プロセスを大きく左右するような多大な影響を与えている。実際に、インタビュー調査の中で、彼（女）らは成長の節目となる転機の前後で大きな変化があったことを異口同音に語っている。

筆者の過去を振り返ってみても、今回の調査結果に符合する出来事は驚くほど多かった。1983年4月、新卒としてリクルート社に入社した。入社1年目の人事教育事業部（現リクルートマネジメントソリューション）では上司と先輩から営業職としての基本的な業務知識やスキルおよび基本的なスタンス（態度）を学びながら様々な薫陶を受けることができた。そして、３年目に顧客から激しく叱責された失敗を克服したことが契機となって、自分自身の仕事への取り組み姿勢を根本的に見直すことになった。また、地方支社での勤務経験を通して、自社事業の地域経済への貢献のあり方を考え、事業に対する視野が拡大した。さらに、７年目に本社スタッフに異動した際に、大きな挫折を経験したことを契機に、世の中の変化を知るために必死で様々な勉強を重ねていった。こうした成長の節目となる転機の出来事を経験し、入社から１０年後にＩＴベンチャー企業での新規事業を立ち上げるなどの経験を経て、２００４年より東北大学に教員として在籍している。

今回の調査研究の動機は、こうした成長の節目での飛躍の軌跡を辿ることによって、今日の若手社員が日本企業の中で一人前に成長するまでのプロセスやメカニズムを解明することである。そして、これからの若手社員は、一人前に成長するためにどうすべきなのか。さらに、彼（女）らを支援し育成するために、上司や先輩および人事スタッフはどうすべきなのかを明らかにすることが目的である。

こうした目的は、十分に納得のいくまで達成できているわけではないが、少しでも読者のみなさんのヒントとしての一助になれば幸いである。

なお、本書の内容は、文部科学省の科学研究費補助金「大卒ホワイトカラーの『一人前』の研究」（基盤研究（Ｃ）２２５３０３９１、平成２２年度～平成２４年度）

および「日本企業のナレッジワーカーのキャリア発達メカニズムの研究」(基盤研究(C)25380494、平成25年度〜平成29年度)を活用した調査研究の成果に基づいたものである。

今回の調査にご協力いただいた9社の人事スタッフの方々をはじめとして、インタビューに応じていただいた126名の方々に感謝申し上げる。

ところで、この調査研究を開始した直後の平成23年3月に東日本大震災が発生した。震災直後に本学では「地域産業復興支援プロジェクト」を発足し、そのマネジメントに追われる日々が続いた。単純に仕事量は2倍近くになり、この復興支援プロジェクトに大半の時間を割かざるを得なくなった。その結果、今回の調査研究活動に割ける時間の割合(エフォート率)は、数パーセント程度でしかなく、継続することは決して容易ではなかった。

この調査研究を継続することができたのは、初期の頃より長年にわたって協力していただいた2人の有能な社会人院生(当時)のおかげである。北條陽子氏(現在は東京農工大学工学部)と小形美樹氏(現在は仙台青葉学院短期大学教授)に調査インタビューから分析まで、大いにご尽力いただいた。この2人の協力がなければ継続することはできなかったであろう。

そして、東北大学大学院経済学研究科の同僚である、サービス・データ科学研究センター（DSSR）長の松田安昌氏には定量的な統計解析ではたいへんお世話になった。何度も統計解析方法を見直していただき、多忙にもかかわらず迅速に対応していただいた。統計解析によっていくつかの仮説が検証できたことは、彼の貢献に大きく依存している。

最後に、産業能率大学経営管理研究所の佐藤義博所長と産業能率大学出版部の飯島聡也氏には、本書の出版に関して多大なご支援をいただいた。両氏の支援によって、研究者のための研究ではなく、社会にインパクトのある研究として実社会での応用と実践に結びつけていく道筋を立てることができた。

これまで関わっていただいた関係者のみなさまに改めて深く感謝申し上げたい。

## 著者略歴

**藤本　雅彦**（ふじもと　まさひこ）

現職：東北大学大学院経済学研究科教授・地域イノベーション研究センター長

1959年、北海道生まれ。1983年、東北大学教育学部卒業後、株式会社日本リクルートセンター（現リクルートホールディングス）入社。リクルート社を卒業（退職）後、ＩＴ企業取締役などを経て、2004年、東北大学大学院経済学研究科助教授。2007年、同教授。その間に、1999年、東北大学大学院経済学研究科博士課程修了（博士（経済学））。
人事・組織関連の主な著書に『人事管理の戦略的再構築』税務経理協会、『経営学の基本視座』（編著）まほろば書房などがある。その他、東日本大震災からの復興や地域経済に関する書籍が多数ある。

**若手社員を一人前に育てる**

**「スタンス」と「スコープ」が人を変える！**　〈検印廃止〉

著　者　藤本　雅彦
発行者　飯島　聡也
発行所　産業能率大学出版部
東京都世田谷区等々力 6-39-15　〒158-8630
（電話）03（6432）2536
（FAX）03（6432）2537
（振替口座）00100-2-112912

2018年4月20日　初版1刷発行

印刷・製本　日経印刷

（落丁・乱丁はお取り替えいたします）　ISBN 978-4-382-05759-3